どんどん仲良くなる夫婦は、家事をうまく分担している。

水谷さるころ

こんにちは 水谷さるころです イラストレーター&マンガ家です
事実婚で 結婚生活 7年目 共働きで 3歳の 子どもの 育児をして います
事実婚の夫 ノダDは フリーランスの 映像ディレクター
現在の 我が家は こんな感じの 生活を送って います
朝
お父さんが 母子を起こす
7時
お母さんと 息子がお風呂
子どもが夜だと 風呂に入らず 朝風呂
お風呂の間 2日に1回洗濯
お父さんに 子どもをパス
お着替え
からの
朝ごはん
お母さんは 頭を洗ってから 風呂掃除 など
そして
保育園の 準備
お母さんが 保育園に送る
9時
ママじゃないと ダメな時期…
お父さんは 朝食の片付け
掃除機かけてから 仕事を スタート
今日やる ことは…
2人とも仕事
基本在宅です
夕方
お父さんが お迎え
17時半
ただいま～
とはいえ 週に1～2回 くらいは お母さんの お迎えになる ことも

お父さんがゴハン作り
お母さんは子どもをみつつ洗濯物をしまったり…
夕飯食べて
子どものサポートはお母さん
19時
夕飯後まったり…
お父さんは洗い物
お母さんは子どもの寝支度
そして家族全員21時に就寝!
大人は「早起き」して活動します
これが現在の「基本スタイル」です
子どもを寝かせてからの大人の活動シフト…
お母さん 2時～最大5時
子どもが横にどっちか親がいないと起きてしまうため…
お父さん 5時～7時
ねむ…
お互いの仕事によって譲り合う
家事の割り当てや就寝時間…ここに至るまで試行錯誤してきました
もちろんお父さんが仕事でいない日があったり
ロケとか
私は週1で夜に趣味の空手に行ったりしています
やーっ!!
家事は主に夫が炊事で
私が掃除などのハウスキープを担当しています

我々はバツイチ同士の再婚カップルで…
再び辛い経験をしたくない…！という気持ちで結婚生活を送っています
私は前回の結婚で「妻だから…」って仕事しながら家事を全部背負うのは無理だと思った…
バツイチ同士の反省会…
俺は前回の結婚で「夫だから…」って責任とかお金とか多く背負わされるのが納得いかなかった…
どちらかが不満を溜めたり
頑張り過ぎたり…
我慢したり無理したりしない…
そういう結婚生活をするために
自分達はどうすればいいのか？
という我々の試行錯誤の日々のお話です

我が家のメンバー

さるころ

30歳で駆け込み婚をして33歳で離婚。
その経験から、「夫に尽くす妻」
のような結婚観を考え直して
「フェアな夫婦関係」を目指す。
ノダDとは事実婚。

ノダD

30歳〜42歳の結婚生活ののち離婚。
息子と娘がいて養育費支払中。
「男の甲斐性」みたいな価値観が合わず
夫も家事育児をして
妻には仕事をしていてほしいタイプ。

マイル

ノダD47歳、さるころ38歳のときに
不妊治療をして妊娠・出産した。
お母さん大好きっ子に成長中。

ファル子

ノダDとさるころが同居を始めたとき
から飼っている猫。

目次
table of contents

はじめに 2

我が家のメンバー 5

第1章 家事シェア編 9

1話 炊事は夫、掃除は妻 10

2話 マイルールのズレ 18

3話 「お義母さん」がやってきた！ 26

4話 男の家事は下駄を履いている 36

5話 脳内小姑との戦い 44

6話 お互いの実家とどう付き合う？ 52

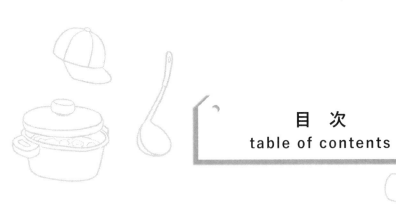

第2章　育児シェア編 …… 61

7話　育児における当事者問題 …… 62

8話　一緒に育てるということ …… 72

9話　イクメンの限界？ …… 82

10話　息子、お母さんが大好きすぎる …… 92

11話　スマホ育児、我が家の場合 …… 100

第3章　ケンカ編 …… 111

12話　キレる夫、機嫌を取る妻 …… 112

13話　夫が自分を変えた日 …… 122

エピローグ …… 138

あとがき …… 142

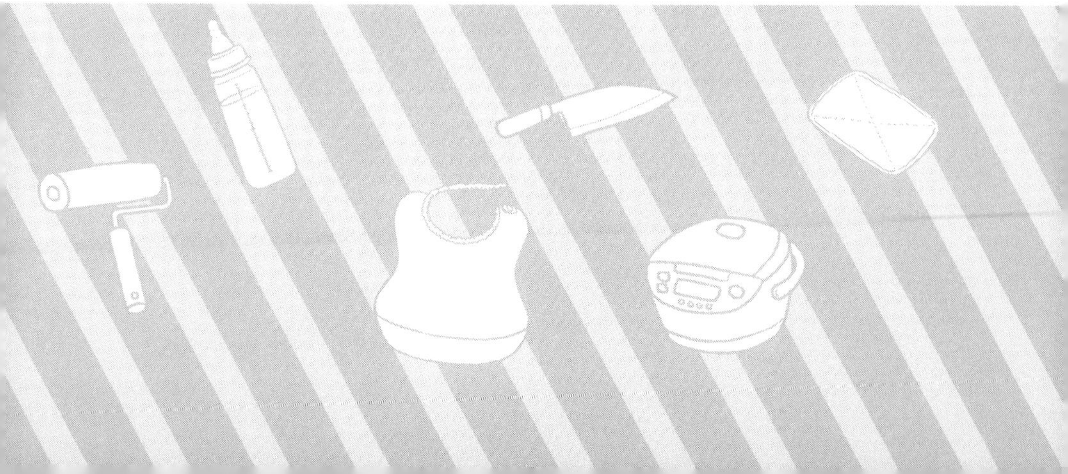

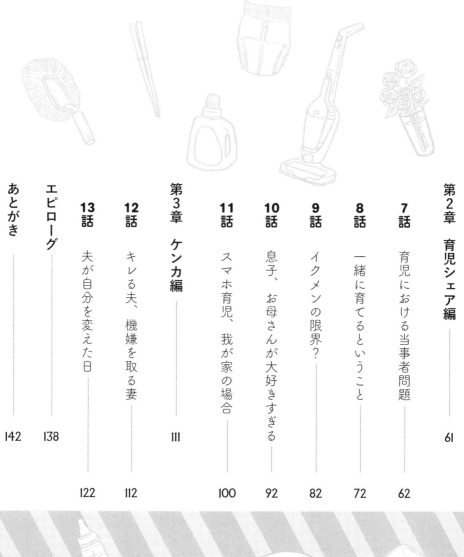

Chapter 1

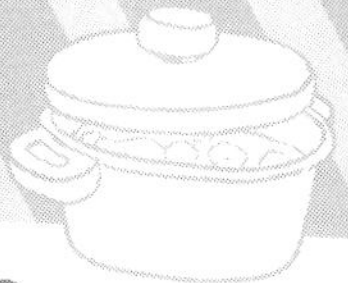

第1章
家事シェア編

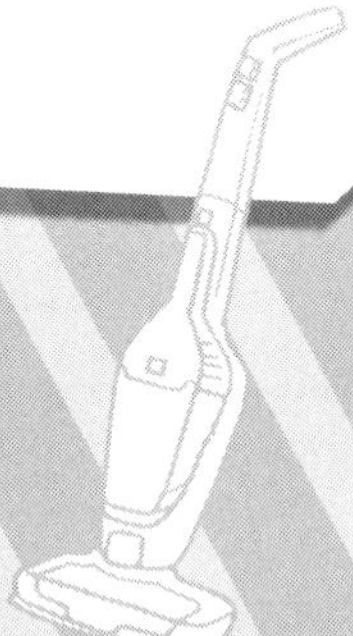

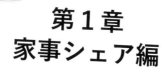

1話／炊事は夫、掃除は妻

20代後半の私は とにかく結婚したかった
ねえねえ 私も稼ぐし 家事もする から結婚 しようよ！
将来が見えないと不安で 早く決めてしまいたかった
仕事も頑張って… 好きな人のために 家事もするわ～
ウフフ
と…浮かれた新婚生活は 長くは続かなかった
えっ 前よりも ギャラが 安いですが…
結婚したんだし いいじゃない ですか～
え⁉
ご結婚されたので これからは好きな 仕事だけ選んで 悠々自適に やるのかと 思ってましたよ～
全然 そんなこと ないです！
今って 共働きのほうが 多いんじゃ ないの？
女の収入は サポート程度
養われてるん でしょ？
仕事は 片手間 でしょ？
思ってたより 結婚の イメージって 保守的！

そして
気が付いたら
「世話をして
もらうのを
待っている」
夫がいた
元
今日の
ごはんは
まだかな〜
結婚したい！
と思うあまり…
私だけが
頑張る
結婚生活を
構築して
しまった！
スタートから
間違えた結婚生活を
立て直すことはできず…
離婚届
ピュ〜〜〜
たった3年半で
あえなく離婚…
栄養が
考えられた
ごはん
夫の
身だしなみは
妻の責任
浮かれた
イメージだけで
「結婚」を
捉えていた…
なんてバカ
だったんだろう
整えられた
キレイな家
でも
男に依存せず
自分の仕事は
自分の責任で
頑張る

育児
家事
仕事
共に稼いで共に家事・育児をする…
次にチャンスがあるならこうなりたいなあ
なんで女だけが一方的に世話をしないといけないって思ってたんだろう…
そして離婚して以来…
ズズズー
「自分のため」には鍋でお湯を沸かすこともできなくなっていました
毎日元夫の好きな物だけ作っていた…
離婚したときに
一緒に「炊事」の能力もどっかに置いてきちゃったのかな
炊事
良妻
そんなとき私にアプローチしてきたのがこの人…現夫の「ノダD」
仕事仲間で同じくバツイチ養育費支払中

さるころ…毎日カップ麺食べてるの？
体壊すよ!?
だってめんどくさいんだもん
オレも料理は全然得意じゃないけどさ～
「鍋」なら具材を煮るだけでおいしいよ～
「結婚したからには…」と「相手にするべきこと」を優先して「自分がしてもらう」ということをおろそかにしていた自分には
この鍋は染みた
この辺にお肉があるよ
人に何かを任せるって大事なんだな…
なんであんなに抱え込んでいたんだろうか…
一方ノダDのアパートは…
魔窟《まくつ》！
男やもめのアパートがキレイなわけなかろう
部屋が汚くても人は死なない！

私は部屋はそれなりにキレイじゃないと落ち着かないんだよ～
食生活はあんなに雑なのに！
そんな2人が再婚することになったので
水谷さるころ
結婚さえできればいいと思っていたけど
30歳までに結婚したい!!!
なんて思っていました…
結婚までの詳しい話は『結婚さえできればいいと思っていたけど』幻冬舎刊で！
事実婚です
炊事はオレがやるよ
じゃあそれ以外洗濯掃除は私がやるね
このように家事を分担することにしました
前は元妻のほうが料理のこだわりが強かったから
炊事は必要最低限しかやってなかったんだよね
なるほど
私はこだわりも何も無くなっちゃったからな～…

料理道具は なんでも好きに 使っておくれ
圧力鍋とか 使ったこと ない…
なんでも 教えるよ
「料理できる」 のに 「料理できない」 って 不思議だな……
ねえねえ 「さっと茹でる」って どれくらいのこと?
野菜によって 違うっていうか…
料理スキル その辺から なの?
そうです私は 中学生のとき 男子に家庭科が なかった時代の おじさんです
フフン
それで 炊事担当に なるのすごいな
毎日カップ麺の 人に比べたら やる気はある!
それに 「夫」とか 「妻」とかの 役割なんて なくていい!
充分痛い目 見た!
やる気が あるほうが やったほうが 幸せ!
練習すれば できる!
ノダDの そういうところ ありがたい〜

とはいえ…初婚では全ての家事の「こだわり」も「やる気」も私のほうがあったんだよね
そこが分担がうまくいかない理由だった気がする
「やらなきゃいけない」という思い込みも
ここまでやってほしいっていうレベルがあると
到達しない場合イライラしちゃうんだよね
なんでここは掃除しないんだよっ
ああ～夫婦仲が悪くなる会話の典型ってさ
「なんで○○してくれないの？」だよね
わかる
してもらえるのが当たり前でなおかつやらないことで減点される会話でしょ…？
わかる
そういう会話をしないで暮らしたいよね…
別々の価値観の人間がすり合わせするなら合わせてもらうほうが「お願い」したほうがいいよね
うん
でも…「お願い」で通じるならいいんだけど
元夫は…

「お願い」だとやらなくてもいいのかと思う
「命令」されなきゃわからない
って言ってた…
「命令」すればいいじゃんダメなの？
「命令」はイヤだよ～
「命令」したら常に責任は私にあるってことじゃん
私は一緒にやってほしいの
なるほど…
家事のジャッジ権を持ってる限りは相手は「手伝い」でしかないんだよ
ジャッジ
コレはOK
コレはNG
下
上
なるほどね…じゃあ「炊事のジャッジ権」は以後オレが持ってるってことでいいのね？
そうそう
それで「掃除とハウスキープのジャッジ権」は私が持つね
こんな感じで我々の家事分担生活が始まりました

2話／マイルールのズレ

ノダDが炊事担当になった当初はただただ嬉しかった
切って炒めるだけでいいかな
いいよ いいよ
嬉しいな～ 本当に家事をやってもらえるの嬉しいな～
現在さらにレベルアップ
唐揚げ二度揚げしてみたよ どう？
すごい… 揚げ物はめんどくさくてやったことなかった
いいな～ 旦那さんが炊事をしてくれるなんて
いや～ 助かってます
と…よく言われる一方で
うちは無理だな～ だってキッチン勝手に使われるとイヤなんだもん
こういうタイプの人もいるんだな

すごくいいバルサミコ酢を価値もわからず大量に使われたり…
後片付けのこと考えないで鍋を放置したり
ストレスが溜まることが多くて
わ〜それはイヤだね
でもそうなるのもわかる…
炊事のジャッジ権を渡して以来
完全にノダD仕様に配置されたキッチン！
同居を始めた頃
道具がどこにあるかとかなんでも聞いてね
道具とその管理掃除はさるころの仕事だった
その後の引っ越しで
キッチンの管理…オレがやってもいい？
もちろん
レイアウトをお任せした

ノダDの管理になったら
道具
食器
備蓄
調味料
どこに何があるのかよくわからなくなった!
冷蔵庫の中身もイマイチわからない
とはいえノダDがいないときはさるころもキッチンを使う…
トントン
トントン
…これどっから取ったっけ
たぶんこの辺だったかな
あ~っもうアレがないいっ?
あ~っこんなところにっ
さるころ~!使った道具は元の場所に戻してよ!
使う頻度で並んでるんだから
はあ…ごめん

でもさフックが6つあってそれぞれ使ったら元々どこに何がかかってたかわかんないんだけど
え〜！それくらい覚えてよ
私もかつて元夫がキッチンを使うと「なんでこんな事になるんだ」とイラついた経験がある…
だからノダDの気持ちもわかる
こうなってみてよくわかったんだけど…
人が決めたキッチンのルールを完璧に全部覚えるのは
無理だ！
世の中の「普段料理しない夫」がポンコツなワケじゃなくて…
他人のルールやこだわりは
やっぱそこまで覚えられないんだと思うな！
え〜…
そうかなそうだったっけな

人にはみんな「使いやすい理想の配置」があって
キッチンは特にそういう気質が強くなる場所だと思う
確かにあるべきものがあるところになきゃイラッとするよね
気をつけるよ
ごめん…今日は仕事で出るんだ
オッケー大丈夫！洗い物しておくよ！
2人とも家事できると効率的だなあ！
帰宅後……
あ〜っもう！
洗ってくれるのはいいんだけどさ！
このタッパを洗うときは
水が溜まりやすいからピッピッて水切って入れて
ん〜わかった…なるべくそうする
気持ちはわかるけど…
なんかモヤモヤする！

基本的に冷蔵庫管理から道具の管理炊事全般がノダDの担当
じゃあ拭いて片付けなきゃ
わあっ水が溜まってる!
ノダDは先の行程で困らない様にルールを作る
水を切ってからかごに入れてなきゃダメだ
さるころは炊事担当じゃないのでこの細かい過程を理解していない
前は自分もやってたから気持ちはわかる
でもなんだか…
最近自分が「妻に文句を言われる夫」みたいになってきた気がする…
いちいちうるせーなぁ
まったくも～っ
オレは逆に小言がうるさい「オカン」みたいになってきた気がする…
人が決めたルールは本人以上には覚えられない…!
努力はするけど
だからある程度諦めてほしい!
え～
まあでもそうかも?

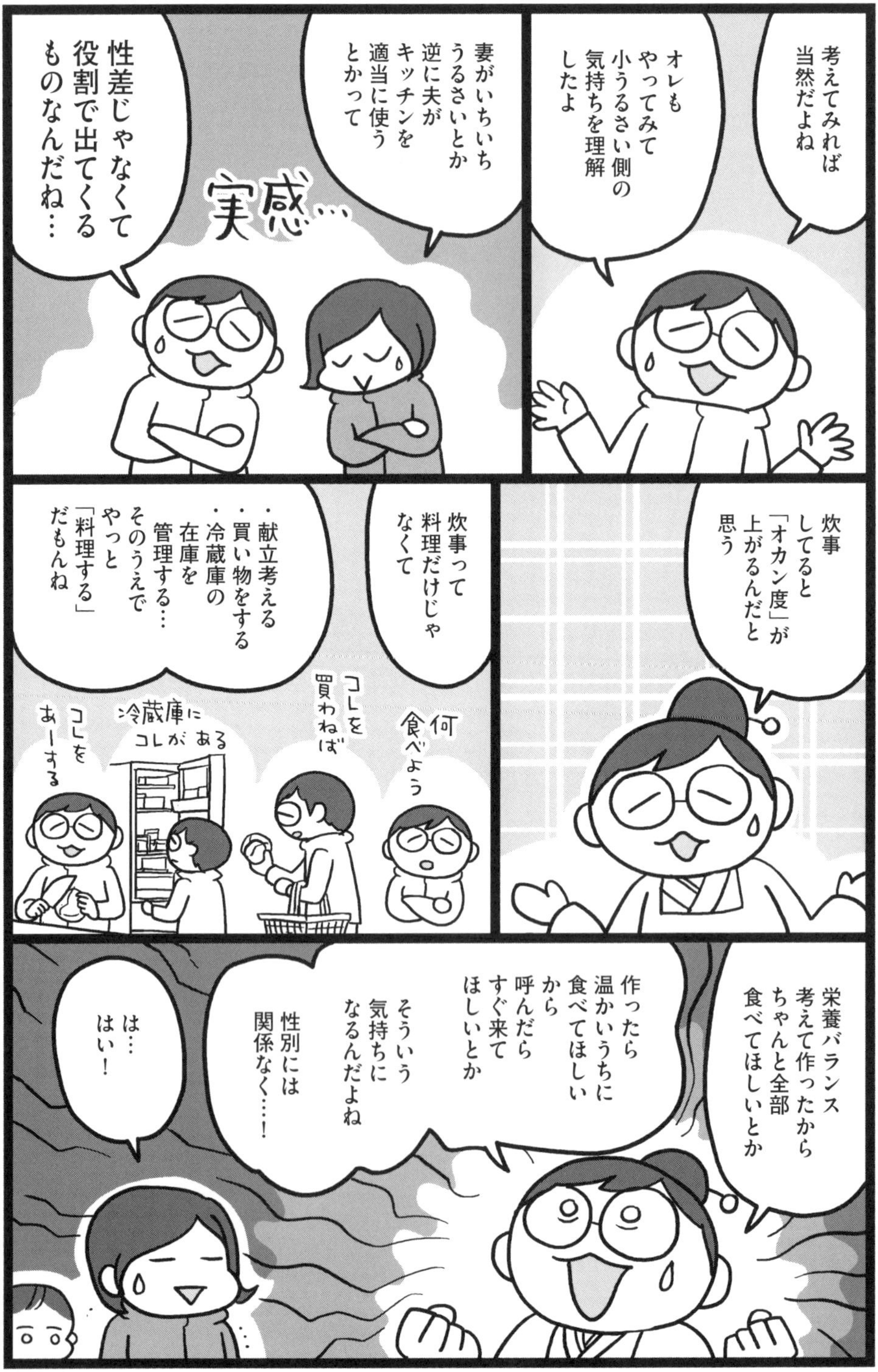
考えてみれば当然だよね
オレもやってみて小うるさい側の気持ちを理解したよ
妻がいちいちうるさいとか逆に夫がキッチンを適当に使うとかって
実感…
性差じゃなくて役割で出てくるものなんだね…
炊事してると「オカン度」が上がるんだと思う
炊事って料理だけじゃなくて
・献立考える
・買い物をする
・冷蔵庫の在庫を管理する…
そのうえでやっと「料理する」だもんね
何食べよう
コレを買わねば
冷蔵庫にコレがある
コレをあーする
栄養バランス考えて作ったからちゃんと全部食べてほしいとか
作ったら温かいうちに食べてほしいから呼んだらすぐ来てほしいとか
そういう気持ちになるんだよね
性別には関係なく…！
は…はい！

「こんなにやってるんだからこっちの言うコトをちゃんと聞いてよ」っていう気持ちにはなるんだけどね…
うちはお互い前と立場が入れ変わったから相手の気持ちがわかるけど
自分の担当じゃない家事の細かいルールまで同じようには分からないものなのね…
「なんでちゃんとオレのルールに従わないんだ」ってイライラしたら
さるころはオレほど「ルール」を理解してないって思うようにしなきゃな
かつての自分がそうであったように…
こっちも「いちいち細かい」ってイライラしたら
ノダDのこだわりを理解するように努力しなきゃな〜
まあでもキッチンはオレだけが使うんじゃないもんね
だったら相手にもわかりやすいシステムを考えればいいのか？
その後使用頻度の高いものの道具入れが変わったり
使う前に写真を撮ったり色々やっています

3話／「お義母さん」がやってきた！

家事への「労力」を含めた「ワリカン」方式…
この日は鶏肉が安い！
冷凍庫に日付を書いて保存！
マメなノダD
自分の財布から出すんだし！
電気代の見直ししたら節約に？
は～めんどくさい～
電気つけっぱ…まあいいか
怠惰なさるころ
自分の財布から出すんだし～
さるころよりは稼いでいるが養育費などで出費が多い
今はお互い不公平感もないからこのままで…
どっちかのバランスが変わったらそのときは相談しようね
ノダDよりは稼いでないが貯金をしっかりしている
家事もお金もフェアにやっていこう
どっちも基本はテキトーなキリギリスタイプ
しかしお財布別の「ワリカン夫婦」のイメージが悪い人もいた……
さるころの両親である
本当にそれで大丈夫なの？

さるころの両親は稼ぎ手の父と専業主婦の母というスタイル
マイホーム
庭付き
一戸建て
犬
マイカー
昭和…
そのスタイルがうまくいっており夫婦円満
この結婚生活に疑問を抱かなかったために
初婚で「家事は妻の仕事♥」と思い込んじゃったんだよなー
自分も働いてるからぜんぜん同じスタイルじゃないのに
そんな親から見たらノダDは決して「好条件」ではなかった
離婚で
貯蓄0
養育費支払中
零細自営業
8歳年上
40代半ば
結婚前
本当にやっていけるの?
ご心配はごもっともです
家賃も生活費もワリカン…?本当に大丈夫なの?
ノダさんに払ってもらえないの…?
えー?でも私も働いてるしワリカンでよくない?
結婚後
元夫もワリカンだったのに…
お金の無さが心配に拍車をかけているのか…
??
やっぱネックは養育費?

まあご両親の気持ちもわかるけどね…
でもさー
結婚して「男が女・子どもを守る」とかってさ
お金を稼ぐだけじゃなくって！
家事を一緒にすることも妻を充分「守る」ことだって理解してほしいのよね
そもそも結婚って「守り守られ」だと思うし
ノダDは炊事全部やってくれて本当に助かってる！
初婚の時はワリカンなのに家事全部やってたし
本当に再婚してよかったよ〜！
なので家事をシェアしていることを必死にアピール
イエ〜
サイコ〜
やあねぇちゃんとあなたもやりなさいよ…
炊事をやらない「妻」に抵抗を感じる世代…
だって好きじゃないんだも〜ん
今度はそっちか…でもここは自分を下げてノダDを上げるぜ！
少しでも実家でのノダDの居心地をよくしたい
などとやっていたら…
子どもがいる生活も落ち着いた？

外食じゃなくておうちに招待してほしいわ
ノダさんの料理を私も食べてみたいし
えっ
ノダDがいないときに子連れで実家に遊びに行くパターンが多い…
う…うん！わかった～日程調整するね～
バイバイ～
それまでは我々夫婦とうちの両親は一緒に食事しても外へ行っていた
えーっだってだって
うちでごはん？
どうしよう？
アピり過ぎたか…？
というわけで…我が家に両親を招いてホームパーティをする流れなんですが…
ええっ

でもアレですよね
ご両親は生活に
困ったオレに
娘がいいように
使われてないか…
確認しに来る
側面もある
わけですよね？
そこまで言わんでも
これを受けて立って「家事をバリバリこなす頼れる夫」を見せてやってくれないか…！
よっしゃ…やるしかないか…
それはそれとして義両親に料理作るの結構ハ…ハードル高くない？
さるころは初婚の時にやったことある？
ないです…
っていうか私義両親どころか実親に料理作ったこともほとんどない
ないのかよ！
なんていうか…！義両親にゴハン作るなんて
まるで姑のプレッシャーを感じる嫁の気分
お義母さまの舌に合う料理が…作れるの？ワタシ…？
ホホホ

しかもいつも「おいしい」って自慢してるんでしょ……
ハードル上げ過ぎ…
い…いつものゴハンでいいよ…
いつものって…そんなわけいかないでしょ肉とか魚とか切って焼いただけで済むと思う？
ええ…そうですねそうですねわかります
お義父さんお義母さんって何が好き？
わかんない
本当に役に立たないダメ夫みたいなこと言うな…
おまえは発○小町に出てくる夫か！
私もこの立場になってここまで自分が役に立たないとは思わなかった
全国の…こういうとき気の利いたことを言えない夫のみなさん…お気持ちわかります…
とりあえず脂っこいものは苦手だよ霜降り肉とかフォアグラとか…
えーーと…
おいそれのどこが「いつものゴハン」なんだよ！
そもそも選択肢にねーよ！
んも～！自分で考えるよっ！
すまない…

そして準備を重ね…
これならうまくできる
それおいしかった
アレおいしかったからアレにしたら？
そうだね
サラダくらいは私が作りますよ
当日を迎えた
ピンポーン
はーい!!
こんな感じになりました
筑前煮（ノダDの郷土料理）
サラダ（申し訳程度のさるころ作）
牛肉の赤ワイン煮（得意料理）
炊き込みご飯
すまし汁
鰹のたたき（薬味は切って下にしきつめてある）
お味はどうですか？
うんおいしいよ
料理お上手ね
よかった…！好感触！

つつがなく
会は終了した
ごちそう様
でした
ありがとう
楽しかったよ
また来てね!
よかった…
喜んで
もらえた
みたいで…
お疲れ!
本当に
お疲れ!
これでご両親に
家計はワリカン
だけど家事も
半分ってことに
少しは安心して
もらえたり
するのかなあ
そうだと
いいねえ
しかし…
世の中には
これを当たり前の
ようにやってる
女性がいっぱい
いると思うと…
マジ尊敬しか
ないよ
同感
です…
お義母様
おくちに
合いますか
そうねえ
嫁子さん
ちょっと
塩辛いわ〜
ノダDはまた
家事レベルが
一段上がり…
でも…
疲れた〜
洗い物は
私が
やるからっ
この件で両親からは
さるころ家では
「料理は夫の仕事」と
無事に認識された
ようです

我が家の家事シェアはタスク担当制

4話／男の家事は下駄を履いている

まな板が汚い！
写真撮るなら漂白するかキレイにして！
ああ〜黄色いね
ニンジン大量に切った後だったしね
なんでそんな焦ってるの？
だって…！
食事や料理の写真はちょっと間違ってると指摘されるし！
調理用具が汚いとかってすぐツッコミされるから！
え〜？されないよ〜
しかもまな板がちょっと黄色いくらいで
え…されるでしょ…
されなかった
もしかして…書いてるのが男だと家事でマウンティングされないの…？
ただ読んでる人が少ないからでは…？

別の日
お弁当も担当はノダロ
さるころ～ピクニックのお弁当ができたんだけどなんだかみんな茶色なんだよね
すごいな！本当に全部が茶色い！
唐揚げ
筑前煮
手羽元の煮物
超無骨…！
そして鶏肉ばっかり…
でも味はおいしいし別にいいんじゃない？
そうだよね～オッサンの弁当だし！

ノダさんの唐揚げ超うまい！
大絶賛
煮物もおいしい〜
お料理上手！
もっともらっていい？
お重が全部茶色でも誰も何も言わない…！実際おいしいし！
女友達でも手作りする人は見栄えもよいお重…
ビリヤニ
またはシャレオツな食べ物…！
三段重ねのお重
ファルシーサラダ
ハナから勝負しない人はなんらか買ってくる
私も基本買うほう…
野田さんって家事できて本当にすごいよね
え〜オレは炊事しかしてないし
逆に言うとそれ以外は全部さるころがやってるし
あ〜そうなの？なんか家事は全部お父さんなのかと思ってた〜
かはっ

お弁当好評でよかった〜
オレもお重買おうかな…
そうね
でも「男の弁当」っていいよね…
タッパ＆茶色でも質実剛健って評価で
私だったら茶色い弁当は躊躇すると思うのよね
しかも料理してると家事全部してると思われたり…評価のハードルが男のほうが低くない？
正直ちょっと羨ましい！
オレもそう思う男は家事やったほうがお得！
女は家事やってアタリ前で…
男は家事やるだけで褒められる世界ってことかーっ⁉
男ってマジ家事で下駄履いてると思うの…

ノダDに炊事を任せてからすごくよくわかった…
この社会では女の家事にはダメ出しOKってことになってる！
でもノダDは家事は何をやっても褒められてると思う…！
男だから！
同性からも異性からも！
さるころの家事担当は掃除と洗濯…
毎朝仕事をする前に掃除機をかける
在宅なので通勤代わりの掃除
子どもの持ち物や体調の管理もさるころの担当
ハウスキープって「片付いてない」っていう減点を0に戻す作業だから
そもそも炊事より評価されにくいような気がする…
料理は花形
片付け掃除はマイナスを0に
夫婦で家事はシェアできてても
は〜〜
評価も含めるとやっぱ平等にはならないものなんだな〜

まあね…家事は確かに女の人への評価のほうが厳しいような気はするね
周囲の評価はまあ気にしないように努力するとして…
後は家庭内での評価！
唐揚げ二度揚げしたのどう？
超うまい！すごい！
さるころ豚トロ好きでしょ？焼いたよ
ありがとう！超嬉しい！
そもそもゴハンのほうが褒めやすいし
私は「家事してくれる！」ってすごい喜ぶじゃない？
元々家事全部やる生活してたし…
そでに油染みがついてたから落としておいたよ
えっ…そうだったの？ありがとう
靴洗っておいたよ
えっ…そうだったの？ありがとう
そもそも汚れに無頓着なノダD…
洗っても気が付かないし…

私ももうちょっと家庭内で褒められたい…
いやマジで感謝してる！ありがとう！
いつも気が付かなくてごめんね！
快適に暮らすために家事をしているわけで
別に褒められるのが目的なわけじゃないけどね！
でもやっぱり評価って大事だよ〜
感謝は口に出したほうがいいよね
さるころはいつも感謝してくれるし評価してくれるしやる気出るよ
いつも評価してくれてありがとう〜
そしていつも快適な部屋をありがとう〜
世間の評価はおいといて…私達は感謝の心を忘れずにいようね…！

5話／脳内小姑との戦い

さて…炊事以外の家事
ブイ〜ン
ブイ〜ン
私が担当の掃除&ハウスキープのお話です
毎朝の掃除の手順
子どもが出したものなどの片付け
猫の餌をあげて猫のトイレ掃除
目立つところだけほこりを取る
掃除機かける
所要時間30分
でも…掃除ってどこまでやればいいんだろう？
エアコンのフィルター全然掃除してない…
飾り棚にホコリあるけど掃除するのは時間かかる…
フローリングにホコリじゃない汚れが…
今日じゃなくていいよね
今度やろう…今度

ノダDは気にならない？
ここ掃除してないな〜とか
ぁのね…
そもそも見えないんだよね
視力が悪い！
さるころは両目1.5
そ…そうか…！
確かに目がいいから床に落ちてる髪の毛とか見えて気になるというのはあるけど…
わっ！猫毛がわっさり！
パカ
それだけじゃなくて…頭の中に敵がいるんだよね
お――ほほほほ
脳内小姑！
女の頭の中に多く生息する妖怪…
世間

脳内小姑はさ…無意識の中に入り込んでいて
あら さるころさん ホコリっぽいわよ
やぁねぇ モノが多くて…捨てなさいよ
整理が雑ねぇ…
自分の「できてない」ことを責めて来るんだよね
ウウ…
ある程度掃除をすると脳内小姑は消える…
シュッ…
でもすぐ出てくる!
おはよう 空気が悪いわ 窓を開けて お片付け しましょう
そういう「正しい奥さん」みたいな価値観やめて!
家事の能力が私の評価の全てじゃないし!
生活に支障が無いくらいできてればいいじゃん!
ぐい ぐい
意識して抵抗してはいる…けど
脳内小姑は人のうちにおじゃましたときにも現れる…
ピンポーン
ヌッ…
あら とっても素敵なダイニングなのに もったいないわね
ダイニングテーブルの片隅にポストのチラシとか積んである

ああ…つい小姑目線で見てしまう自分がイヤ…
さて次はドコを見ようかしら
つい人のうちのトイレのホコリをチェックしてしまう!
共働きなのにトイレにホコリが溜まってない…!手練れね!
つっ…
こちらのお宅はキレイねぇ うちはどうなのかしら? やっぱりちゃんともっとお掃除したほうがいいんじゃないかしら?
ぐいぐい
やめろ~
人のうちのを見てしまうということは当然自分のうちも気にしてるわけで…
来客前とか必死に掃除するわけですが
当然時間に限界はあり…
ああっもうこんな時間っ!
ほらほらっ早くしないと
そういう時は…
ホコリだらけで恥ずかしいわ~

気にし…ナイッ！
ドンッ！
脳内小姑を突き落とします
ホコリくらい全然大丈夫！別にオシャレでインスタ映えする部屋とか目指してないし！
さらば脳内小姑！
こんくらい掃除しときゃ大丈夫大丈夫！
あ〜〜〜
そんなもん頭の中にいるの？大変だなぁ
ハハッ
正直ノダDが羨ましい
しかし倒しても倒しても復活して来るのが脳内小姑…
そして戦いは続く…
フフフ…

親や世間から今までの人生ですり込まれた女性観からは
中々解放されないんだよなあ…
部屋が汚かったら女の評価が下がる…的なやつとか
男性にだって「稼げてナンボ」「経済力は男の魅力」「妻子を守ってこそ一家の主」みたいな昭和のオヤジが脳内にいるでしょう
エッヘン
オレにはいないよ
本当にいねえな
いないんだってば
パカッ
なんで?
九州男児なのに…なぜ??
呪われにくいタイプ?
男のほうが切り替わりやすい…とか?んなことないか
ところが…!
呪われてないはずの男
甲斐性?男らしさ?何それ~どうでもいい~
炊事担当になって子どものゴハンを作り始めたら脳内小姑が現れた!
食育をおろそかにしてません?またウインナー?栄養バランスがよくなくてよ?
あなたがしっかりしてないと家族の健康が…
ううっ…

ぽん
うう…
ある程度適当でも大丈夫〜！
ドカッ
偏食だって丈夫に育ってるし〜
多くを望み完璧にこだわると脳内小姑にやられるぞ…！
気楽に！気楽に生きるんだ！
た…頼もしい〜
やっぱ子どものこととなるとよくわからないのもあって
世間やよそのおうちの基準が気になっちゃうのよね…
家事や育児は迷うことも多いから
夫婦で話し合って脳内小姑を撲滅していこう
1人で戦うには手強い…脳内小姑！
夫婦で力を合わせて脳内小姑と戦っています…！

我が家のテリトリー図

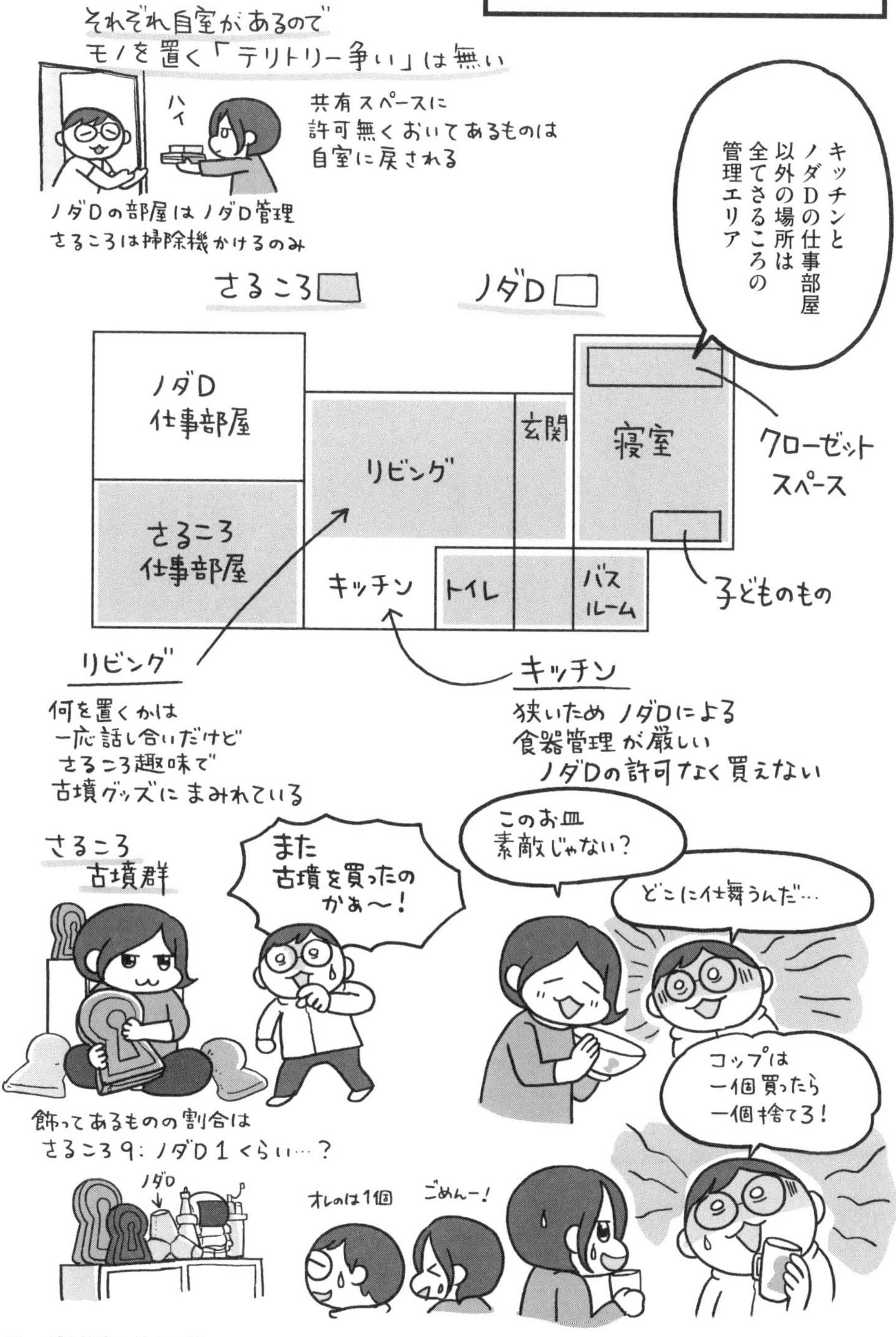
それぞれ自室があるので
モノを置く「テリトリー争い」は無い
ハイ
共有スペースに
許可無くおいてあるものは
自室に戻される
ノダDの部屋はノダD管理
さるころは掃除機かけるのみ
キッチンとノダDの仕事部屋以外の場所は全てさるころの管理エリア
さるころ
ノダD
ノダD
仕事部屋
さるころ
仕事部屋
リビング
キッチン
玄関
寝室
トイレ
バス
ルーム
クローゼット
スペース
子どものもの
リビング
何を置くかは
一応話し合いだけど
さるころ趣味で
古墳グッズにまみれている
キッチン
狭いため ノダDによる
食器管理が厳しい
ノダDの許可なく買えない
さるころ
古墳群
また
古墳を買ったの
かぁ～！
このお皿
素敵じゃない？
どこに仕舞うんだ…
コップは
一個買ったら
一個捨てろ！
飾ってあるものの割合は
さるころ9：ノダD1くらい…？
ノダD
オレのは1個
ごめんー！

6話／お互いの実家とどう付き合う？

【実家付き合いのルール】
甥姪へのお年玉は各自が受け持つ
親の誕生日等のプレゼントも各自で行う
お年玉なんかは結婚してなくて1人でいたとしても払うものだから親戚の数が違っていても関係なし
同額払うとかがフェアではない
つまり義理の親&親戚のお祝いごと贈り物には基本的にノータッチってことにしよう
さるころって母の日とか親の誕生日とかなんかしてる？
メールだけ！たまに電話
そして近いタイミングで会う機会があれば手土産くらいは
メールくらいしろよ
わかってるよ！
弟に言われる…
わりとさっぱりなのね…
フフフ…
たぶん姉とかはもっとやってるのでは？姉弟の中で私が一番何もしてない気がする…
4人姉弟の中で最も実家に帰らない
オレはいつも妹に任せてる
妹
母の日どうする？
お金出すよ
じゃあお互い夫婦単位でなんかするのはナシってことで
全員と話し合ってるわけじゃないけど…子ども同士の誕生日とかはお互いしない感じかな～
その辺は各自が責任を持つ感じで…
うちはそこまで話し合ってはいないいな…

お互いの実家帰省ってどうする？
福岡県 北九州市
ノダD実家
千葉県 柏市
さるころ実家
東京
うちは近いから泊まりの帰省とかしないよ
前の結婚の時はね オレの実家に行くんだからオレが全額払うってことになってたの
でも…
できれば渡航費は自分の分払ってくれたら嬉しいんだけど
いいよ
えっ いいの？
いいよ
行きたいと思うなら自分で払って行くよ イヤなら行かないってことにしよ
一度離婚して一般的に言われている「結婚のルールを守らないと！」みたいな価値観が無くなった
マジか！すげえ

全然それでいいよ！お金払って連れていって「無理してる」みたいなのほんと辛いし！
オレはさるころが来なくても気にしない！
行くのがイヤならなるべく行かないほうがいいよね
特別なときとかに一緒がいいなら一緒がいい人が払えばいいってことにしよ
さ〜ん せ〜い
あと…夏休みの実家帰省の時に年に1回だけ子どもと泊まり旅行ができる約束なのね
もちろんそれはオレが払うんだけど
さるころはどうする？
前妻との間に息子と娘がいる
せっかくの年に1度の親子水入らずの時間をジャマするのもなあ…
こっちに子どもができたら一緒に帰る…のもアリとしつつそれもまあ様子を見て
普段一緒にいられないんだし…
後妻が一緒なんてどうなの？
とか言ってたんですけど
子どもが生まれて一緒に帰省してみたら
うえ〜い
ノダD娘
ノダD息子
甥と姪達
義妹

川楽し〜
北九州最高〜
ノダ家楽しすぎる
後妻と異母きょうだい達が
わきあいあい
そすか…
ノダ家の孫は総勢9人
義姉家
義妹家
義弟家
ノダD
マイル2歳
当時の年齢
2歳
15歳
19歳
6歳
8歳
17歳
19歳
20歳
24歳
義実家のすぐ近くに義妹家が住んでいて義実家にはよく孫達が集まっている
近距離別居
義実家
道を挟んで向かい側
義妹家
私自身…いとこは2人しかいなくてあんまり遊んだ記憶もないので…
仲良しいとこ…すごい新鮮

＊自分の分と息子の分の半分。

うらやましい
は…？ なにそれ…
ですよね…
すみません
そもそも義実家に若者がいねえ！
老夫婦とうちの家族…
実の息子（夫）はしゃべらないし
孫であるうちの息子はまだおしゃべりできないし
誰もしゃべらない！
つまんない！
うちも帰省すると老夫婦しかいない…
それで義母の何かを買った自慢をずっと聞くだけ…
家事を手伝ったりするのとか気を遣わない…？
ああでもうちはほら炊事はノダDだから
義実家でもやるときは大体ノダDがやるからさ
義母の前でも夫に家事やらせちゃうの？
えーまあ最初はビックリされたけど大丈夫だよ
私と結婚してから料理を始めた
じゃあ今晩はオレが作るよ
まことが料理するの？

あ！でもたまに私も洗い物くらいはしたりはするよ！
何もしないって決めてるわけじゃないよ…
たまに…
と…友達にビックリされました
まあそうかもね オレ達はいつだってありのままだからな
ありの～ままの～
だよね～
オレはさるころがうちの実家でオレに家事させたりのびのびしててくれて嬉しいよ
それはさうちの実家がそれを受け入れているってことを信じてくれてるってことじゃん
ありがたいことです…！
確かに本心隠して良い嫁のふりをするのって相手を信頼してないってことではあるよね
でもよく思われたくて頑張っちゃう気持ちもわかるけどね…
人からよく思われたくて頑張るのはいいことだし…
こうしなきゃダメだよね
とか
これはやったほうがいいよね
とか

な〜〜んて話はしていたけど！けども！
頑張り過ぎちゃうのもダメだけど
さるころ家のお祝いの席
我が家は両親が酒を飲まない下戸の一族なのでお祝いの会でもお酒はみんな全然飲まない
飲んでもいいけど飲みづらい…
あ〜もっと心おきなく酒飲みてぇ〜
せっかくの休日なのに…
酒が飲めないからつまんないってのが顔に出てる！
ありのまま過ぎるよ！
グビグビ飲みてぇ〜
ノダDさん…？
お祝いは各自ってことで家族のパーティ代全額私が払ったわけですよ…
ゴハンはおいしかったし別に楽しくなかったわけじゃないんだからもうちょっとニコニコしてくれてもよかったのでは
親にいい顔しろなんて言わない
私にいい顔して…
え…
そりゃそうだねおごってもらったのに悪かった…
オレも帰省に全額払って文句言われるのはイヤだって言ったのに
ごめんね
結局実家付き合いと言いつつ夫婦関係の話なんだよね
夫婦がお互いの実家との距離感に納得し合ってればいいんだと思うわ

Chapter 2

第2章
育児シェア編

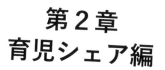

7話／育児における当事者問題

この辺の詳しいいきさつは『目指せ！　夫婦ツーオペ育児　ふたりで親になるわけで』（新潮社）をお読み下さい。

ちょっといったん確認しようか…
私はもっとぐいぐいノダDが色々やってくれるものだと思ってたんだけど…違うの？
こんな感じでドヤられたら超任せられるのかと…
いや〜まあやるけど
でもささころは初めての出産だし自分のやりたい方法とかあるんじゃない？
オレはもう2人分やってるし…
はあ…
アレもコレも買ってきたよ〜
え〜
こんなのヤじゃない？
まあ…それもそうか
産んでみたいと思ったのは色々自分でやってみたいからだしな
だからささころが頼んだことはオレがやるから
なるほどじゃあ私が色々考えるのね
わかった
何をどうノダDに頼みたいかも知識がないと頼めないしな〜
そりゃ自分で調べて勉強する必要あるか

先輩ママから お下がり もらった～
新生児って サイズ いくつなの? これは いつ頃の服?
忘れた
もらった 抱っこ紐… 使い方わかる?
わからん
思ってたよりも 頼りにならない…
期待し過ぎた…
まぁ検索すれば いいんですけどね
全然ちゃんと 出産準備 できてる気が しないん だけど…
経験者の 余裕?
大丈夫 でしょ～ 生まれてから でもなんとか なるよ～
おぎゃあ
30時間 陣痛の後 緊急帝王切開
お産…きつかった 好奇心で自然分娩 したのに… 結局お腹ばっさり… 死…死に近い!
なのにすぐ 授乳!
そう簡単に 出ないし…

産科の入院とは「お母さん養成合宿所」である
沐浴指導
こわ～
温度測って下さい
母乳指導
出ないと揉まれる
いた～い！
ミルク指導
飲み終わったら記録して
オムツや排泄についての指導
うんち出ないときは綿棒で刺激を…
これを1週間弱でなんとか覚えたと思ったら放り出されるの？
なるほど～それでみんな里帰りするのか
うちはノダDが
オレはできるよ！
って言ってたけど…大丈夫かな…
さるころがしてほしいことをする
何をしてほしいだろうか
考えたんだけど…私の希望はできれば母乳で頑張りたいなぜなら母乳だと痩せるらしいから！
体型を元に戻したい！
はいはい
とはいえ…3時間ごとに授乳してると寝られなくて辛いので夜中のミルクを任せたい
12
3
6
9
それにより5時間くらいは寝られる…

沐浴はノダDが家にいる限り一緒にやって
はいはい
あとはオムツ替えとか寝かしつけとか…
できる限りたくさんやってもらう感じで…退院後はよろしくお願いします
帰宅後…
とはいえ…産後1ヵ月は祭り！
赤ちゃんだ赤ちゃんだわっしょいわっしょい
ま…私がたくさんやってもいっかー！
いや…とはいえ全部やっちゃこの先よくないことになる気も…
ごはんだよ～
わーい
でもやっぱごはんが出てくるだけでだいぶ楽～
授乳すると喉が渇く
う…お…お茶ちょうだい
はいよ！

寝られるし
眠い…
ミルクあげるから寝てな〜
食べられるし
食事
食べてる間抱っこしたり
気を抜ける時間があるし
トイレ
お風呂
気にせず任せて入れる
抱っこしてる割合が8：2でも辛くなければとりあえずは全然ありがたいかな〜
お金ワリカンなのに私がたくさん育児してるけど…
貯金が無いので仕事を休めない
貯金で暮らしている
赤子コーナー
ノダDに多く払ってもらったら私は絶対
私がやんなきゃ！
ってなっちゃうタイプだし…
言えばなんでも代わってくれる人がいるっていうのは安心できるし
これはこれでノダDとの信頼関係は深まってる気がするな〜
という感じで一番辛いと言われる産後1月は無事に過ぎた…
一緒にやると絆が深まるねえ
そうだろうそうだろう

しかし やってきた 最初の山場は
保活
保育園の ことって どうなってる?
え? 仕事が 忙しくて なんも やってないよ?
えっ!
妊娠中に 一緒に保育課 行った時に
制度が 新しく なるんで まだわかり ませんね
じゃあ 産後にまた俺が 聞きに来るよ
って言ってた じゃん!
保活はやってくれるんじゃないの?!
そんなこと 言ってたっけ?
でも 今ホントに 忙しくて なんも できない
結局ほぼ1人で 役所めぐり 認可外保育園探し 認可保育園めぐり 書類の攻略探り をすることに なった
どうぞ〜
保育課
マジか〜

この辺の詳しいいきさつも『目指せ！ 夫婦ツーオペ育児 ふたりで親になるわけで』（新潮社）をお読み下さい。

結果的には保活に成功して認可保育園に入れた…
やったー！第一希望の園に入れた！
いや〜ホントに保活は大変だったね〜
は？
何今になって当事者ヅラしてるの？
私に言われた通りに書類書いただけでしょ
お…俺だって少しはやったし！
えーと認証保育園に電話してあげたじゃん！
予約いっぱいで意味なかったけど！
それ保活のタスクの何％だかわかって言ってる？
ノダDは「オレはやってる」「オレはできる」ってよく言うけど…
それを言われてこっちが期待しちゃうほどはやってない
実質育児は8：2だし
保活なんか9.5：0.5くらいだったし！
ズモモモ

保活は以後自分が頑張ったかのように話すの禁止ね
「保活はさるころが頑張った」と言うように
これはムダな争いを避けるためのルールだから
保活ハサルコロガ頑張ッタヨ！アリガトウアリガトウ
別に実務が8：2でもいいんだよ
でもそれでノダDの育児への当事者意識が薄くなったり
都合のいい時だけ当事者ヅラしたりしないでくれると嬉しいです
もっと頑張ります…！
育児はフェアにやるの難しいな…
気を抜いたらどんどん偏っちゃうぞ！
主
あれ？
必要なら呼んでね
サポート
うまく行くところも問題もありつつ育児シェアは試行錯誤しながらのスタートでした

8話／一緒に育てるということ

本読んで勉強せな…
離乳食はオレがやるよ
え！マジで？
だって炊事はオレの仕事だし…オレがまとめてやったほうがよくない？
そりゃそうだ
さるころがやりたいって言うならいいけど
冷蔵庫の中身とかわかってないでしょ
どっちも経験値0でこれから勉強してやるなら同じでしょ
ありがとう！全然やりたくないよ！
嬉しい〜任せる〜
今までは母乳メインだったけど
これからはオレのターンだ！
保活の失態を取り返そうとしているのか…
しかし離乳食やらなくていいとか…
楽！

マジかよ
離乳食すげえめんどくさい…
5～6カ月
・10倍粥
・野菜をポタージュ状にする
7～8カ月
・7倍～5倍粥
・野菜を舌でつぶせる柔らかさに煮る
9～11カ月
・5倍粥～軟飯
・野菜を歯茎でつぶせる柔らかさに煮る
はあ…あげる量は毎回少量だから冷凍してストックするのね
ストックしておけば簡単！と書いてある…
できた…世の中のワンオペお母さんは赤ちゃんを見ながらコレを作るのか…？
すごくない？
すごいと思う！
難易度高い
はーい マイル～ ごはんだよ～
うべ～

苦労して作ってもこの拒絶っぷり…
じゃあ あげるのは私がやるよ 作ってない分心理的な負荷が少ないし
世の中のワンオペのお母さんはこの苦役を1人でやってんの…？
辛いと愚痴る相手もいないで？
離乳食を作り始めてからノダDは「ワンオペ怖い」と実感し始めた
ギャーッ
全然食べてくれない…！
しかしこんなにイヤがられたら「ゴハン」がイヤな時間になっちゃうな
もっと楽しく食べてもらいたい
はぁ
よし！歌って踊ろう！
うたって～おどって～ふんいきに～だまされろ～♪
今だ！口に入れて！
えっ
よし！食べた～！
こんな感じでどんどんいこー！
2人いると慣れないことも追い詰められずにできた

そしてお風呂
沐浴も終わりそろそろ一緒に風呂に入ろう
オレが一緒に入る！
じゃあ私が外で待機して着替えするか…
ふんぎゃー!!
ふんぎゃー！
な…なぜだ…
代わろうか
泣かない…
じゃあお風呂はお母さんが入れる係で…
保湿クリーム塗ってね！
わかってるよ！
4歳現在もお風呂は「お母さん」とじゃないとイヤ

睡眠サイクルも変化
そろそろまとめて寝るようになって来たじゃないですか
夜の添い寝タイムの分配について相談したい
生後8カ月くらい
夜に起きた時に母乳で寝かす回数を減らしたい
はいはい
中々寝ないタイプの子だったので夜中は仕事はほぼできなかった
5カ月ごろ
ノダD
21 授乳
23 授乳
1 ぽんぽん
2 授乳
5 ミルク少々
6 ぽんぽん
8 授乳
9 起床
おっぱいしながらだと寝てくれるので超おっぱい頼みの生活…
2時くらいまで好きに仕事して晩酌してたまにミルクあげる
認可保育園に入る前なので朝は遅かった
息子に合わせて細切れに寝る生活してたから途中で起きるのは全然平気
私が21時から2時まで添い寝してそのあと仕事…マイルが起きそうな5時から7時にまた布団に戻って添い寝するのはどうだろう
母乳で寝かせるのを減らす =お母さんじゃなくてもOK
わかったじゃあ俺は夕飯のあとに仕事をして23時から5時まで寝ようかな
2時から5時はオレが1人で添い寝タイムね
最初の頃はノダDは夜は仕事していたがみんなで一緒に寝るようになった
仕事するときは睡眠時間を削る
にゃー
バリバリ
なぜか猫が起こしてくれる

眠い…でも仕事しないと
どう考えてもまとめて寝られるノダDのほうがいいんだけど
朝起きてお母さんが横にいないと泣いて起きちゃうからな〜
ふんぎゃー!っ
はっ
だっ
大丈夫…?
ふんぎゃーっ
大丈夫…! 頑張るからこのまま…
ふんぎゃっ
ダメかー
ごめん…ダメだった
歯も生えてきたしそろそろ夜の授乳をやめたいんだけどなあ
背中ポンポンで寝るときもあるんだけど

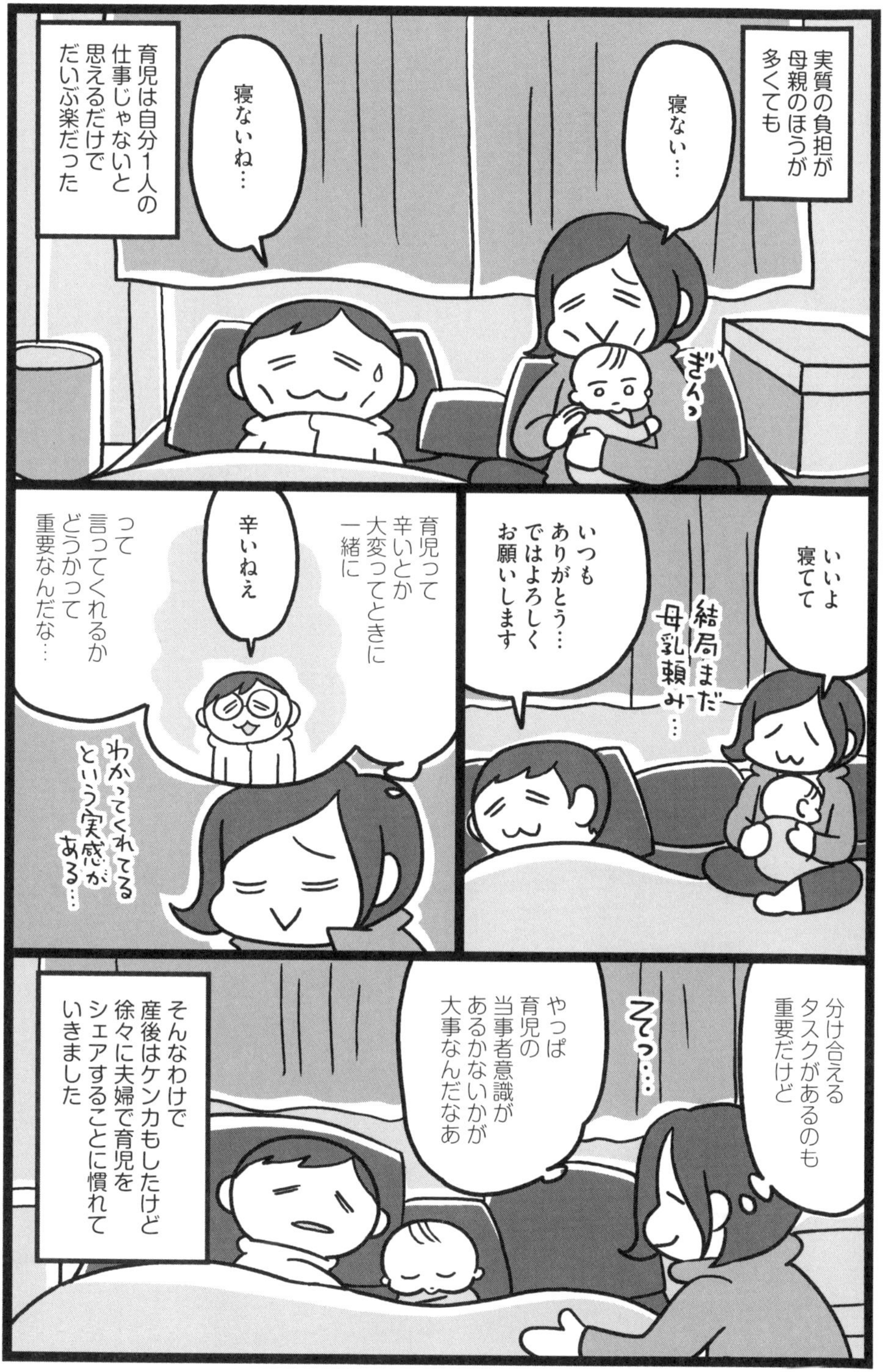

実質の負担が母親のほうが多くても
寝ない…
ぎんっ
寝ないね…
育児は自分1人の仕事じゃないと思えるだけでだいぶ楽だった
いいよ寝てて
結局まだ母乳頼み…
いつもありがとう…ではよろしくお願いします
育児って辛いとか大変ってときに一緒に
辛いねえ
って言ってくれるかどうかって重要なんだな…
わかってくれてるという実感がある…
分け合えるタスクがあるのも重要だけど
そっ…
やっぱ育児の当事者意識があるかないかが大事なんだなあ
そんなわけで産後はケンカもしたけど徐々に夫婦で育児をシェアすることに慣れていきました

子どもの健康管理

基本的に さるころの担当

予防接種

母子手帳の管理はさるころなので、予防接種もさるころが管理

接種には同伴することが多い

インフルエンザの予防接種などは家族全員で同時接種しています

息子の食事量・排泄のリズムを記録して管理

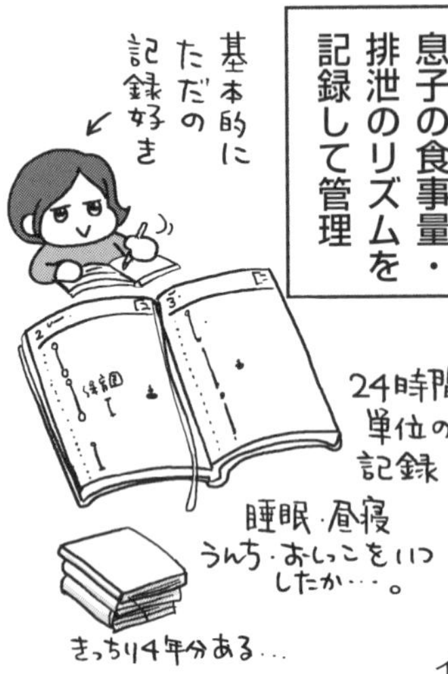

健康診断もさるころの担当

○ノダDも大体の体調・発達の具合などは把握しているが、さるころのほうがより体調の変化に気づきやすい

完全にさるころの仕事

発熱・感染症などで保育園を休むとき

子育てはめんどくさいし
大変なこともあるけど
基本的に我が家で息子は
推し中の推しとして
扱われています

夫婦共に息子マニア

つぶさに記録し
忘れないように
エピソードを
マンガにして
ブログに更新

「マイル日記」という
ブログを更新しています

成長を見逃せない！

こんなに
かわいいお尻を
見られるなら
オムツ替えるに
決まってる…
いやオレに替え
させろ…！
みたいな！

ぼやぼやしてると
赤ちゃんが終わっちゃう！

とか思ってたけど…

赤ちゃんが終わって
幼児になっても
現役バリバリかわいさ
続行中!!

9話／イクメンの限界？

ある日の朝…
あーーっ!!
あ〜もう ちゃんと 食べて〜!
すっ
さるころ 入って 来ないで!
お母さんが 部屋に来ると もうオレじゃ ご飯食べない から!
朝ごはんの 御世話は お父さんの係
オッケー わかった
なんで お母さんの ほうが いいんだ……
正直言うと 「今じゃないな」 ってタイミングで ごはんを出してたり
「今だ!」って 時に出さなかったり しているんだよなあ

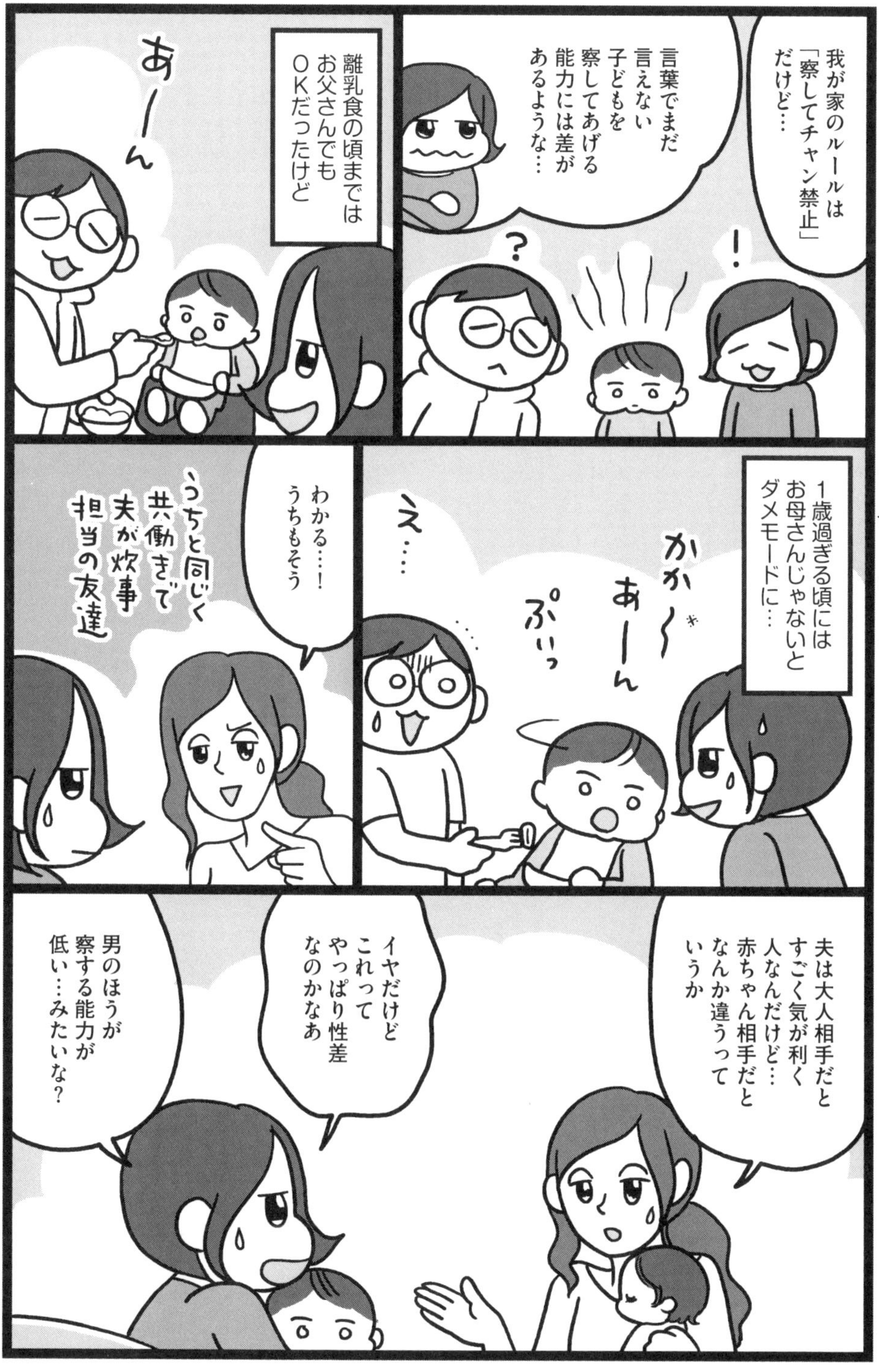

※話し始めの頃「お母さん＝かか」「お父さん＝とと」だった

しかし…人類は進化するのだ
練習して経験積めばわかるようになるはず!
だから諦めず勝手に代わらずなるべくやってもらおう
そーだ
そーだ
お母さんがいなければ息子も諦めるんだよな~
とはいえ基本的には子ども好きの子煩悩パパ
保育園お迎え行くね
オレも買い物するから行くよ
マイル~お迎え来たヨ~
マイルくんパパ来たよ~
たたたた
ひょいっ
がばっ
かか~♥
気まずい…
お…お母さんばっかり息子に愛されてる…
憎い…

でもねーやっぱり子どもはお母さんが大好きですからねーっ
悪意の無い一言がノダDの心を傷つけた…
普段から家にもいないお父さんならまだしも…
オレが毎日どんだけ世話して努力してると思ってるんだっ…
だがしかし段々と…
外食のときは100%母の膝の上…
代わってあげたいんだけどゴメンね…
世間から見たら母親に世話を任せっぱなしのダメなお父さんみたいだよね～
ぐびぐびぐび
違うんだよ～やらせてもらえないんだよ～
ぐびぐびぐび
休日の昼ビール最高～～っ
なんか徐々に開き直って自由になって来てる気が…？

家族でお出かけ楽しかったね〜
この人自分は育児やってるやってると言いつつ…
休日は酒飲んで毎週爆睡…
自分の担当の朝ごはん以外はめっちゃスマホ見てるし…
やっぱ私のほうが全然子どもの世話をしてるからお母さんが好きなんじゃ…
疑念…
しかしワンオペのお母さんなどと話していると…
マイル君のパパは本当になんでもしてくれていいよねぇ
うちのパパもこうだったらいいのに…
いや〜助かってます…
う〜んでもやっぱりやってるか？そうだよね家にいて子どもといる時間も長いし

うちのお父さん やっぱりやってる ほうだよね？ でも息子は母びいき
お母さん じゃないとダメ っていうのは 正直困る…
この子の 兄と姉のときは こんなに ママべったり じゃなかったよ
「お父さんイヤ！」 なんてことは 少なかった！ やっぱそれも 子どもの個性 なのかなあ
なんで こんなに 私がいいの…
お父さんはこの 2つのモードを 行ったり来たり
どうせオレじゃ ダメだし〜
オレだって こんなにやってる のに!!
お母さんはこの 2つのモードを 行ったり来たり
実際に色々 やってくれる いいお父さんよね
おめー私より 全然やってねー じゃねーか！
イクメンの ジレンマっ…
これは 夫婦ツーオペ 育児の限界？
いや… 世の中には 専業主夫も いるし…
母のほうが息子に 好かれる原因は ノダDなのか 息子なのか…

抱っこもお母さんじゃないとダメ…？
だっこー！
重いでしょ代わるよ
イヤイヤ
かかー！っ
かか〜っ
頼む…嫌がらないで…！
息子が母親が好きなのはいいとしても父親を嫌がるのは不幸しかない
嫌がる
傷つく
居たたまれない
私が抱っこするよ…
結局こうなる…
荷物は持つよ…
ここで頑張らないでお母さんが抱っこするからますますダメになるのかな〜
お父さんのお世話する頻度が減ると「お母さんじゃないとダメ」に固定されそう…それは避けたい
どうせオレじゃダメだから〜
ぐびぐび
プハー
無理矢理やらせても悲しい展開…
とはいえやらない免罪符にも見える…
モヤモヤ

そして気が付けば
寝るよ～ マイル お着替え しよ～
イヤイヤ～
オムツも替えないとね～
歯磨き しよ～ね～
イヤイヤ～
はあ… 終わった…
あれ？ ノダDは そういえば どこに？
ふ～
終わった？ じゃあ 寝ようか
スッ
何してたの…？
ああ ごめん メールチェック してた
あ…これは「どうせオレじゃダメだし」からの「オレはいなくていいでしょ」モード？
日々の ルーチンは 一緒にやってよ
なんか最近 気が付いたら 私がやればいい みたいに なってない？
仕事するなとは 言わないけど 勝手にいなく ならないでよ
え～ そんなこと ないよ～

それにさ…？
夕飯のときも家にいるしさ
寝かしつけのときも一緒にいるし
ドヤッ
世の中のお父さんの中ではオレはやってるほうじゃん？
息子からの差別を受けても頑張るお父さんだよっ
なぜ私じゃなくてよそのお父さんを引き合いに出すの？
息子の世話してるのにお母さんより好かれてないと傷つくのは理解するけど
現状あなたは「お母さんより世話しない人」になってるじゃん！
息子からの冷遇を育児しない免罪符にしないで〜
子どもからの差別待遇があったとしても
結果的に「育児は母親の仕事」って態度になるのは困る！
子どもの気持ちだけじゃなくて私の気持ちもちゃんと考慮してやってほしい！
息子はお母さんのほうが好きなだけでお父さんが嫌いなわけじゃないんだし！
すみません…

でもまー、そもそも家事って頑張り過ぎなくていいよね

10話／息子、お母さんが大好きすぎる

いいから早く行けっ
かか〜っ
かか〜っ
ごめんね ごめんね
じゃあ よろしくね
うわああああああっ
1歳過ぎから息子に抵抗されるようになった…
やばい… 成長と共に夜のお出かけが困難に…！
ズキズキ
きっと そのうち 慣れるよね…
ここで お出かけを やめたら 私の負担が 増えるだけ…！
はぁ…
ヤーーッ！
ただいま〜
zzz…
お父さんと子どもだけの夜も必要だろう…
しかし翌朝…
正直… 大変
え
0歳児の時は お母さんがいなくて 泣いてもすぐ諦めてくれてたんだけど
…
最近は自我の 発達のせいか 全然諦めない
わーん
辛い…

コレをどうぞ
？
息子が母を求めて泣き叫ぶ動画…辛さのお裾分け
うわあああんっ
ぎゃああ
やめて！精神が削られる！
コレを目の前でやられてるほうの身になって！
かたやお父さんの夜のお出かけの場合
いってきます～
ばいばい
あっさり
これはこれで寂しいけど…お留守番の難易度が全然違くない？
…まあそうかも？
そういう意味ではフェアじゃないから…お母さんの夜のお出かけ1回につきお父さんの夜のお出かけ権利は2回くらいにしてほしい！
お父さんのほうが大変なんだからっ！
ええ～…まあいいけど

とはいえ…空手以外の予定もたまには入れたい
息子の阿鼻叫喚が週に2回か…
お願いっ!
週1以外に頼んだ時はノダDへのねぎらいの品を買って帰る…
だいたいビール
KIRIN
SUNTORY
ザ・プレミアム 生ビール
息子の気持ちは親にはコントロールしきれないもんなあ
夜のお出かけのハードルアガリ過ぎ
すき すき
お父さんも好かれたい
ガックリ
息子がお母さん好き過ぎ問題でもう一つの難関が…
ああっ! ヤバイ!
息子発熱…!
保育園お休みだ~!
ホカ
ホカ
ホカ

※金額の根拠はワンオペサポートにさるころの実母を実家から呼ぶ交通費＋お昼ご飯代が大体2000円だから

息子が熱出して保育園休んだ日も1日2000円出して！
2000円
えー！
オレだって看病する気はあるのに…
させてもらえないだけなのに…
ガ〜ン
とはいえ…私は完全に仕事できなくなるわけで…
夜中寝ないで仕事したり…やりくりが大変なんだよ！
ノダDはなんの予定も変えずに仕事してるじゃん…
ノダDのせいじゃないけど不公平じゃん…
子どもが熱出した時は…
朝一で小児科の予約
保育園にお休みの連絡
小児科で診察
帰宅して薬を飲ませる
添い寝
添い寝をやめるとすぐ起きてくるのでまた添い寝
起きてる間は膝の上…
体調不良はしょうがないけど代わってもらえない不公平感があるのは否めないんですよ！

一応金額の根拠を言うと我が区は病児保育施設が少ない代わりに病児保育シッター助成金がありシッターをフルタイム呼んだ金額マイナス助成金だと自己負担が大体1日2000円…なので払うはずの自己負担金を病児の世話をする私に払ってくれてもいいんじゃないかなって
わかったよ払うよ…
とりあえずお金を払うことで不公平感が減るから
「母親だからやって当たり前」みたいになるのはイヤなのです…
それで家庭が平和ならアリだと思う
仕事関係の会
今日も出てくるの大変だった…みんなそう?
お母さんの夜のお出かけで子ども泣かない?
えーうちは全然平気
マジで!
お父さんとお留守番で全然泣かないよ
仕事で泊まりも行けるし
やっぱり子どもによるのか〜!
年齢で変わることもあるし
平気になるまで頑張れ…!

「お母さんの夜のお出かけ」と「息子の成長による変化」

1歳〜2歳

ギャン泣き。置いていく母親も、置いて行かれる父親も地獄

3歳〜

やっと「水曜日はお母さんは空手へ行く日」と理解してくれた。
しかし、それ以外のお出かけは泣いて「行かないで」と訴える。

3歳後半〜4歳

母のいないかわりにやってねと欲しがっていた知育アプリを
買ってから出かけたら…

11話／スマホ育児、我が家の場合

赤ちゃんにスマホ…一番使えるシーン第1位は！
電車！バス！ですよ！
泣いたりグズったり…そんなとき気をそらすのに超使える！
お父さんだって電車で泣かれたら困るでしょ
はい…そうですね
そんなわけで私は赤ちゃんをあやす用のアプリをじゃんじゃん入れていた
ほらほらマイル～
成長に伴い…
さっ
しゃべり出すより前に息子はスマホの使い方を完璧にマスターした
マイル1歳
ごめん…マイルスマホ返して
お父さんに連絡したい

うわあぁ〜
ごめんね… ごめん
最近 子どもと スマホの 取り合いに 発展している
オレも 便利に使う ようになった けど… やっぱり スマホ 使わないほうが いいのかもよ？
便利だけど どこが罪悪感が…
というわけで 機種変した 親のお下がりの スマホを 子ども専用に カスタマイズ しました！
・SIMが無いので 電話機能無し
・Wi-Fi専用
・その他SNSも無し
・LINE無し
・幼児向けアプリがたくさん
・子どもが 好きな音楽を 入れてある
・オフラインで 見られる幼児向け 動画がいくつか 入ってる
そういう 展開！
これでLINEで 誰かに間違って スタンプ連打 されたり 誰かに電話 されたりも しない！
ドヤァ
Wi-Fiしか 繋がらないから お外で動画見て パケ死もしない！
本当に それで いいのかな〜
スマホ育児…
将来的にまだ どういう影響が あるかわからないし オレはやっぱり ヤダなあ

私ね…初婚で結婚に焦ったのは「世間の常識」に囚われてたからで…
世間一般で言われる
ちゃんとした大人の女
になりたい！ みたいな…
・料理上手 ・家事と仕事の両立
・素敵な良妻賢母…
・30歳までに結婚したい！
それで失敗したから今後はなんでも「ちゃんと」の基準を自分で判断しようと思ってるの
自分に向いてるわけでもないし自分が本当にやりたいことでもなかった！
スマホも自分で考えてみたら四六時中与えてるわけじゃないし 中身が管理してあれば おもちゃやテレビと同じかなあって思うようになって
別に悪くないよね…
そう言われると
親が使わないならまだしも
うちは夫婦揃ってデジタルデバイスは使いまくりじゃん
SNSやりまくり夫婦…
仕事半分趣味半分
スマホが悪いんじゃなくて使い方の問題だと思う
「なんとなく不安」とかで取り上げるより 私は親も子もちゃんとした使い方を目指したいなって
依存させないとか時間を区切るとか
スマホに任せっぱなしにしないとか
そうかもね

オレはかつては
エビデンスなんか知るか！オレがイヤだからイヤなんだ！親は多少理不尽でもいいんだ！与えないものは与えない！
というスタンスだったんだけど…
年を取ったせいかまあいいかって気持ちに
丸くなって譲ってくれるようになったんだね…
では改めて我が家はデジタルデバイスOKってことでいいですね？
感情的には100％OKじゃないけど
まあいいよ
マイル 2歳
そして動画を自分で好きに見始める…
しかしお母さん…子どもにYouTubeを好きに見させるのはやめてほしい！
最近すっかり自分で操作できるようになっちゃって…
見てほしくない動画を見てるよね
お父さんプロだから！クオリティの低い動画見ると心が死んじゃうの！子どもが見るのも耐えられない！
映像ディレクター
すみません…

でも自分で選んで動画見るといいこともある
マイルは数字と文字がすごい好きで動画を見てどんどん覚えるんだよ
昔は2歳児が何が好きなのか親が与えるものからしか選べなかったけど
今は子どもが選べる選択肢が増えて好みや資質がわかるのはいいよね
とはいえ…
親の好みで見せたくないと言う以前に…「エルサゲート」っていう動画があったりして…
なにそれ…
「エルサゲート」とは子どもにトラウマを与えることを目的とした嫌がらせ動画…
なんのために誰が作ってるの?!
子ども向け人気キャラクターが殺し合ったりする
嫌がらせ…?
というわけで早急になんとかします!
頼むよ!
調べて子ども用動画管理アプリを入れる
・固定の検索ワードに則った動画だけ出てくる
・見てほしくない動画を再生禁止にしたり配信者ごとリストにして見られなくしたりできる

とりあえず これで安心… だけど
数字と アルファベットの 動画ばっかり見る
やっぱり一番は 隣でちゃんと 一緒に見るのが 大事だよね
そりゃそうだ
我が家のスマホルール① 「おしまいにしてと言ったら おしまいにする」
これ見たら おしまいに する～
交渉アリ
じゃあ それだけね
もっと 見たい～
どうしても やめられない ときだけ 取り上げるが 基本は話し合い
おしまいに できないと もう見せられ ないよ
我が家のスマホルール② 「歩きスマホ絶対禁止」
ベビーカー 乗らない～
歩きながら スマホは 見られないよ
スマホが 見たいなら ベビーカー 乗って！
ベビーカーを 嫌がり 始めた2歳
歩きスマホ禁止を 言い続けた結果…
ダメよ！ 歩きスマホは あぶない！

電車移動中
マイル3歳
こども用ヘッドホン
マイル…次の駅で降りるよ
てきぱき
さっ
歩きスマホはダメ!
スマホマナーのちゃんとした幼児になった
歩きスマホがダメなのは幼児にもわかるルールだしな～
えーっと場所を調べなきゃ
お父さん!歩きスマホしないで!
すみません…ちょっとだけ調べさせて
最近は大人が叱られたりしています…

我が家のスマホアプリ遍歴

0歳児

「BabyTap」（240円）

タップすると音と一緒に
図形が出てくるだけのアプリ

1歳児

Fisher-Priceの無料アプリ

世界No.1のベビー・プリスクールトイブランド
「フィッシャープライス」。一つや二つは家にある
赤ちゃん用のおもちゃのブランドですが
こちらの無料アプリは中々優秀。
英語のアプリばかりですが、うちの場合は
むしろそれで英語の興味を持ったみたい。

2歳児

「もっと！あそベビプラス」（無料〜課金アリ）

こどもアプリ「ワオっち！」シリーズ。「タッチ！あそベビー」は
赤ちゃん向けで「もっと！あそベビプラス」は幼児向け。テーマごとに押すと反応する
おもちゃのようなものがたくさん入っている。無料でできるものがあり、
その後は+360円でいろんなテーマのアプリパックが販売されている。

「Sago Mini: Kids Learning Apps」(無料～課金アリ)

こどもアプリ「Sago Mini: Kids Learning Apps」シリーズ。
カナダのソフトウエア会社が作っている子ども向けアプリ。
動物にゴハンをあげたり、動物が楽器になっていたりする。
どれもこれもかわいくて面白い。

ワンワン
キャハハ
すごいウケてる
動きがよくて面白いらしい

3歳児

3歳からはほぼ知育・学習アプリがメインです

「ゆびドリル」(無料～課金アリ)

iPadでゆびでなぞりながら文字の練習をするアプリ。
ひらがな・カタカナ・かず・ABC全部まとめて買うと
2300円。……うちは買いました。

「ぐーびーともじあそび」(無料～課金アリ)

ひらがなを読むゲームがたくさん入ったアプリ。

文字大好きボーイ
あいうえお
カキクケコ

「シンクシンク」(無料～課金アリ)

「思考センス育成教材」という知育アプリ。
1回3分の問題を、1日最大3回までできる。
ずっと続けず、毎日やるタイプのアプリ。

「トドさんすう」(無料～課金アリ)

未就学児童から小学校2年までのレベルの算数が
理解できるアプリ。しかし、無料でできるところには
限界があり、その先が……。年間契約料金で……高い！
けど、アプリとしてはよくできてます。高いけど。

キューブはいくつ？
たし算
1+1=2
12
9
3
6
時計の読み方
2つの図を合わせるとどうなる？
パズル系ゲームとして楽しんでる

我が家は子ども用アプリは基本「課金」します
無料アプリは広告がメインなので間違って押したりさせたくないから
しかし気を抜くと延々と課金しまくる子どもアプリ沼にハマります…気をつけて…
さるころはガンガン課金しまくってるよね…
スマホ管理係→

※アプリの価格や仕様は本書が執筆された2018年12月時点のものです。
配信しているメーカーの事情によって変更されたり、使用できなくなる可能性があります。

0歳児から
スマホを触らせていた
1歳児から
文字にすごく興味を
持っていて…
ナンバープレート大好き
コレ
コレ
品川 30
あ12-30
2歳になる前に
文字を読みはじめた
あ
3歳でスマホのフリック入力・ローマ字入力が
できる幼児になってしまった…
フリック入力を
すぐ覚える
グーグルマップで
地名を入力
（ローマ字入力）
お父さんに
LINE
送りたい
スマホ
貸して〜
そうか…
スマホなら
文字が読めれば
メッセージが
送れるのか…
漢字も読めれば
予測変換から選ぶ
だけ…

Chapter 3

第3章
ケンカ編

12話／キレる夫、機嫌を取る妻

我が家の夫婦ゲンカのパターンは…
自分が期待してた結果が得られなくてキレる
プリプリ
または
過失からの逆ギレ
ぎゃっ
無自覚な加害
※比喩表現です
なんでやねん！
あべしっ！
加害への返し
ほとんどこのパターンだよね…
はい…
イヤなことがあるのはお互い様だけど…
キレたり
なんでなんだよー！
あ〜はいはいいつもオレが悪いんでしょ！
イヤみったらしく言ったり
イヤなことを「イヤだ」と普通に伝えられないのはなんでなの？

普通に伝えるってどういうの？
キレると怖いしイヤだからイヤなことを早めに教えてくれない？
こういう風に言うの
サラリ
……うう
なんでそういう風に言えないんだろう
オレってやつは…
どんより…
うっ
はあ…キレるのもイヤなんだけど
私に怒られてその後落ち込んでヒドイ空気になるのも同じくらいイヤなんだよなあ…
この空気に耐えかねて頑張ってゴキゲンを取ってしまう
これおいしいねっ
怒ってないよアピール

思い返せば この問題の始まりは 仕事相手だった 時から始まっていた
「30日間で世界一周する」という 旅番組のロケ
イラ
イラ
え〜
3人で弾丸旅を続けると ある意味 密閉された空間にいるのと同じ
この時からノダDは キレたり不機嫌を まき散らしたり しまくっていた
あいつ…マジ なんなの……
さるちゃん… 殴りたくなる 気持ちはわかる
でも殴っても 言うコト聞く タイプじゃ ないから ムダだよ
同行メンバー 山本さん
イラ
イラ
旅の終盤… イースター島でも ノダDは キレていた
あ〜 なんで道に 迷ってんの！
えっ
旅の間すでに パターンが できていた
今回の ノダDキレの原因は 「道に迷った」
またかよ
うんざり
キレている 状態を受け入れる
もういい！ オレに地図貸して！
はい…
キレの原因である 問題を解消する ように努力し…
あれ…？ オレも わかんないな
わかんねーのかよ
みんなで探そう…
こいつ…
話をするなら 問題が解決して 落ち着いた後…
着いた
ふ〜

あのさ～ 質問なんだけど
ノダDって… 身近にいる 女性とか 家族とかが いつも怒ってるか 泣いてるな～って 思ってない？
え?!
…… そうかも…
そんで 「女って 感情的」とか 思ってない？
思ってなくも… ないかも…
ノダDっ てさ
言いたいこと 言うとき
いきなり 売り言葉 なんだよね
普通は言葉を 売られたら 買って怒るか 泣くか どっちかしか ないでしょ
は… はあ…

男同士だと売り言葉買ったら殴り合いになりかねないから
甘んじて受け入れるか距離取るかどっちかだよね
相手が男でも平気でキレるのがノダD…
売り言葉でコミュニケーションするのやめたほうがいいよ
はあ…
という話をした…
そして撮影が終わり帰国してから編集作業をするノダDが見たものは
カチ
カチ
だーかーら！なんでいちいちこっちに聞くんだよ！自分で考えろよ！
キレて人に言葉を売りまくる自分の声…
ぎょっ
びっくりして不安そう…
えええ…
なんだけど言葉を飲み込んで我慢して受け入れて笑ってる
カメラが回ってるし仕事だからね
俺ってスッゲーイヤなやつ…
サーーッ
うわー さるころ かわいそう…

さるころにイースター島で言われた通りだった…
本当にすみませんすみません
自覚してませんでした
私に謝るよりさ…10年以上奥さんにやってたんでしょ
反省したなら奥さんに謝りなよ
しかしすでに気づくのがもう遅かった
離婚
ビデオセラピーしたから…
オレはもう売り言葉でコミュニケーションするのをやめる！イイ人間になる！キレない！
そうか…40過ぎて欠点を認めて変わろうと思える男はいいね
と…再婚したわけですが
あー‼なんで洗濯してんの！
洗いたいやつあったのに！
は〜…またどうでもいいことでキレてる…
努力したからってそう簡単に変われるもんじゃないんだよなあ…
あのさー…キレられると超怖いんですけど
はっ

どんより
どうせオレが悪いんだ…
またこのパターン
キレるのが悪いというところまでは認識できているのはいいんだけど
どんよりされるのも結構辛いんですよ…
そろそろそれもやめて欲しい
え…
オレはさるころみたいに言うコト言ったらスッキリおしまいみたいに
気分の切り替えなんかできないんだよ…!
じゃあさぁ
キレる
キーッ
私が怒る
は?
落ち込む
どんより
私が慰めたりムードを変える
まあまあ
ってパターンをあと何回やればいいの?
もうゴキゲン取りたくない
ゴキゲン取ってくれとか言ってないじゃん
家の中が最悪の空気なのがイヤなんですけど
わしゃもううんざりなんじゃよ…
じゃあオレにどうしろって言うの

じゃあ……
踊って
は？
踊るって？踊るの？
？？？
踊るの
え〜〜……何それ
バカにしてるの？
してないよ
夫婦ゲンカがイヤな感じになるのは
ユーモアが足りないんだよ
オレには無理だよ…
ダメか
と思ったけど
やっぱ踊ってみるわ
さるころ〜
さっきは
ごめーん！
わははは
全てがどうでもよくなった
最高〜
ノダDの
愛を感じるよ！
と…日々試行錯誤だったのですがこの問題はここで終わらなかった…
続く！

我が家のバランスは
さるころが空手の先輩だから
取れてるところもある気がする

13話／夫が自分を変えた日

みんなで夜市へ
夜市初めてなんですよ〜お店いっぱいですね〜
ここは規模も大きくて楽しいヨ〜
豪大大雞排
蜂蜜苦瓜汁
さるころさぁ
これどっか目的あって歩いてんの？どこに向かってんの？
はっ
イライラ イライラ
ノダDは先が想定できない状況になるとイライラし始める
じゃあ人に任せずに自分で全部仕切ればいいじゃん
やっぱり友達の前でもイライラするのね
はぁ…
わかったわかったじゃあかき氷屋さん行って〜
そこで何食べたいかみんなで話し合おう〜
必死にフォロー
その後はスムーズに夜市めぐりは終了した
じゃあまたね〜
ホテルは別々

やっぱり予想通りになったから謝っておこう…
さっきはやっぱりノダDがイライラしてごめんね…
いいえ～楽しかったですよ
でもさるころさんいつもあんな風に言われてるんですか？あれはちょっとさるころさんがかわいそうでした
ガーン
私ってかわいそうなんだ…
甘く見積もっていた…
翌朝…
ん？
ホカ
ホカ
ノダD大変…！マイル…熱がある
えー！
どうしよう
海外で病気のケースは初めて…
海外旅行保険入って来たよね医療サービスがあるはず
保険はこれだよ
もしもしすみません子どもが熱を出して…
テキパキ
こういうときはめっちゃ頼りになるんだよなあ

無理させちゃったかなあ… 申し訳ないなあ
0円で診察できた〜
くよくよ
子どもは熱出るもんだよ しょーがない
ノダDは「想定内」のことにはキレずに的確に対応できる
翌日は無事に熱が下がりすぐホテルに帰れる距離でのんびり過ごす
今回は残念だったね…
また来ればいいよ
夜ゴハンどうする？ 元気そうだしちょっと遠くのレストラン行かない？ 前から行きたい店があるんだけど…
え〜…
まだちょっと心配かなあ せっかく熱下がったから無理させたくない ホテルの近くのお店にしない？
そっか
じゃあどこに行くの
この辺で行きたい店… わかんないなあ なんかない？
早く出かけようよ 遅くなりたくないでしょ
え？ ああうん そうだね

ねえねえ どこに向かって 歩いてるの? どこのお店に 行くの?
……
うるっせえ! いいかげんにしろ! もたもたしやがって!
ドコに行くか なんかまだ 決めてねえよ! おめーが この辺にする って言うから とりあえず 出てきたんだ ろうが!
?!
ビクッ
えっ…? な…なんで?
なんで そんなに 怒ってるの?
?
うわ〜ん
あ…あのさ? そんなに怒るなら どこでもいいです 私に明確な 要望はないから 好きにして とりあえず 怒らないで
オレはさー! 行きたい店が あるって 言ったろ!
行きたく ねえって 言ったのは おまえだろ!

超人気店じゃん…予約しないでいきなり行って入れるかわかんないし
並んで入れるとしても病み上がりの息子を連れて長時間待つのもリスキーだと思うんだけど…
ちゃんとお店探すから待って
この時は本当になんでこんなに怒ってるのか理解できなかった
イラ
イラ
そしていつも通り必死ににこやかな雰囲気作りをして夕飯を食べてホテルに戻った
あのさ〜…やっぱさっきの態度は理由が全然わからない…
いきなりあんな風にキレられてもなんで怒ってるかわかんないしビックリするよ
子どもも怯えるしやめてほしい
ところがこの日のノダDは謝らなかった
はあ？だってオレあの店に行きたかったのに
さるころ全然とりあってくれなかった
オレは傷ついたんだよ！
え？私が子どもに無理させたくないって言ったら受け入れたじゃん？そんな理由であんなにキレたの…？
仕事相手だった頃から今に至るまで8年分の蓄積が押し寄せた…
クラッ

いーかげんにしろ！好きなときに好きなだけブチブチキレやがって！こっちが友達がいるとか子どもの前だとかそういうの考えてとりなしてフォローして機嫌取ってやって…何様のつもりだこのクソ野郎！
ドカーーン
一昨日の夜だってイライラをみんなに振りまいて…
さるころさんかわいそうって言われてんだよ！
よそから見て私はかわいそうなんだって！
フーン
さるころが勝手に頑張って勝手に限界になったんでしょ
さるころの悪い癖じゃん
オレは悪くない
ああそうだね～私も結局前の離婚と同じことやってた
人を変えようとか傲慢だよね
だから次おまえがキレたら別れる
少なくとももう二度と海外旅行には一緒に行かない
うんざりだ

えっ？
だってそんなキャパシティないんだもん
もうノダDの機嫌なんか取れないよ
旅行マンガを描くのも諦める
マイル本当にごめんね…こんな両親でホントにゴメン
険悪なまま就寝…
翌朝
本当にすみませんでした
もうキレません許して下さい
どよどよ
昨日はこっちも頭に血が上ってて…
でも布団で考えたらすごい怖くなって…
本当にごめん…
また家族と離れて1人になるのは耐えられない…
と…ここまで言ったにもかかわらず
帰国してたった1週間後
おい！どこ行ってんだよ！
なんで約束の所にいねーんだよ！
あっさりキレた
くだらない理由で…

本格的な話し合いとなる
次にキレたら別れるって約束だったよね？
私は子どもがいるからってやり過ごしたり見て見ぬふりして生活するつもりはないよ
キレたらダメだっていうのは理解してる
身近な人を傷つけることにも自己嫌悪がある
自分でも考えたんだけど…
キレて
怒られて
謝って…
オレって…
反省して自分を責めても状況は改善しないってよくわかった
何度も同じことの繰り返し…
教えてほしいことがある
なに？
そもそもオレはどういうときにキレるのか
自分でまだよく理解してない
改めて教えてほしい
さんざん数年間説明してきたわけだけど…
やっと本気で聞く気になってくれたのね

まず基本！ノダDは被害者意識が強くて他罰的
基本的な思考
オレはなんにも悪くないのに我慢させられた我慢したのに良い結果が得られなかったオレは悪くない
キレる
相性はいい
私は当事者意識が強くて自罰的
基本的な思考
私がもっと頑張ればもっとできるのに頑張れなかったから悪い事が起こっただから私が悪い
抱え込んで自滅する
そんなノダDがキレるパターンは3つある
①不満があるが我慢した
②予想と違う結果になった
③自分が失敗した
後にキレる
フム
フム
まず①なんだけど私からするとなぜ不満があったときにそれを表明しないのか？というのが疑問
①不満があるが我慢した
台湾のときオレが行きたいって言った店を無視された
無視されても我慢したのに相手から満足できる代案が出てこない
我慢
我慢
表明しないので伝わらない
どこに行くのかと聞かれて怒り爆発
提案無視したくせに！
代案もないくせに！
？

う～ん…オレは相手の言うことを聞かなきゃと思い込んでるのかな…？
ノダDって自己主張はワガママだと思ってるよね…だからやっちゃダメって我慢する
でも後で爆発するくらいならワガママ言ってくれたほうがマシなんだよ
自己評価が低いのかな？自分でもよくわからない
私なら意思表示はちゃんとする
私はどうしてもここに行きたい！
タクシー使ってもいいし
意思表示
具体的な提案
何を望んでるのか他人はわからないんだから口に出して言わないと
ノダDもちゃんと意思表示と提案をしてほしい
察してチャン禁止って散々言ったろ
…それはワガママじゃないんだね
不満が出た時点で自覚して表明するのは練習するしかないと思う
なるほど…難しいけど構造は理解した
不満を自覚する…
カキ
カキ
②予想と違う結果になった
②は…昨日キレたやつ
家族で動物園へ
トイレに行くからここで待ってて
わかった
オレも行きたい
さるころより早く帰ってこられると予測してトイレへ
あれ？いない？どこ？
先に帰ってきて探しに出た
キレながら追いかける
おい！どこ行ってんだよ！
予想が外れて逆ギレ…

キレたら別れるって言われてる状況でコレでキレちゃうのすごくない？
後から考えたらわかるんだけど瞬間的にパニックになっちゃう
マジで意味不明…
これは先が想定できないとイライラし出すのと同じ理由なのかな
想定してないことが起こるとキレちゃうよね
こっちは何がノダDの想定内かわかんないからキレられても理不尽なのよね…
元々キャパシティが狭いから想定してないと安心できないんだと思う
③に関してはなぜ自分の失敗を素直に認められないのか…「ごめんね」で済むのに
③自分が失敗した
ケース1
遅刻した！さるころも時間を知ってたハズなのに言ってくれなかった！
えっ？私のせい？
ケース2
ノダDがぶつけた
痛い…
いつまで痛がってんだよ謝っただろ！
オレは自分が失敗するのが怖いんだな…自覚が無かった
多分②と③は似たような理由で
想定外のことや予定外のことがあると自分が対応できずに「失敗」するのを恐れてるんだ
ノダDは他人の過失にも厳しくて
その厳しさが自分に向くと思って逆ギレ…過剰防御になるよね
遅刻すんな！
イライラ

自分の失敗にも他人の失敗にも寛容になってほしい
さるころはそうだよね 人が失敗してもそんなに怒らないし 自分が失敗しても切り替えが早いよね
つまりオレの欠点というのは
A：自分の不満や要望をちゃんと言葉にしない
状況を踏まえてその場では我慢してしまい，後からキレて，その気持ちを解消する癖がある
B：予定していたことや予想していたことが覆されることに弱すぎる
C：自分が失敗したことを認められない
自分がしても他人がしても失敗を重く考え過ぎて許せない
こういうことなんだな…
つまりオレはキレるような事じゃない事でキレまくっていたんだ
自分で紙に書いて…
あのいつもの反省した時のどんよりした空気もない どうしたんだ
反省するとか自己嫌悪するとかじゃなくて根本的に自分の行動を変えないとダメだと思った さるころともマイルとも別れたくないし
この日以来ノダDは本当に変わった

ごめん～ まだ支度 終わらない～
遅刻 しちゃう～
また 怒られる…
びくびく
いいよ 次のバスに 乗ればいいよ
さるころがお出かけの 準備してくれてるし…
小さい子が いるんだし 予定通りには いかないよね
ええええ ええ！
遅刻したって 相手に遅れるって 連絡してごめんねって 言えばいいんだよね
5分くらい みんな遅れるし
以前
遅刻する～
イライラ イライラ
すごい… あのノダDが マジか…
ムカついたり イライラしそうに なったら
その原因は なんでだろう？ って考える ようにしている
考えてみると 怒るほどのこと じゃないって 気が付くように なった
ノダD 49歳にして 気づきを得た！
そして…
さるころさん オレともう一度 台湾旅行に 行ってください
わかった
今のノダDと ならいいよ

半年後にリベンジ台湾旅行へ！
オレはキレない！
むしろキレないことが目的！
頼むぞ
わいわい
きゃいきゃい
わーい
予定を詰め込むと予定通りに行かない時にパニックになるからゆとりを持って行動しよう
予定通りに行かなくてもその都度対応すれば大丈夫
そうだね
疲れるとイライラするから無理しない
ホテルに帰ろう
指さし確認的に口にする
そうしよう
す…すごい！キレないノダDとの旅行…！
初めての体験！
キレないノダDは頼りになるおもしろ愉快なおじさん！
本当にすみません…
…まだ油断はならない
家に帰るまでが遠足だ！
最後までキレなかったら評価してくれ！
いい心がけだ…
油断禁物

そして無事に帰宅…
やったー！一度もキレずに旅行が終わった〜！
ひしっ
やったー！よくできました！
ノダDと旅に出てから9年…初めてイヤなことがなくて本当に楽しかった
変われたね よく頑張った
さるころってこういうときちゃんと評価してくれるからいいよね…
「これが普通だろ」とか言わないの嬉しい
だって超うれしいもん
ノダDの本気と愛を感じたわ…
じ〜ん
失敗しても反省してやりなおして「夫婦」やっててよかったなって思った
離婚の危機を回避した…！
これからも全部完璧とは言えないけど…
問題があったら一個一個解決していけたらいいなあ

息子は4歳になりました
オムツもはずれてすっかり少年に…
台湾での大げんか以来小競り合いはあっても大きなケンカもなく平穏な生活です
息子が朝まで1人で寝られるようになったので生活のシフトが少し変わりました
みんなで21時過ぎに寝る
zzzz…
大人は3～5時に起きて活動する
基本的には役割は変わらず
息子の成長に合わせて少しずつ更新する感じです
英語を習っています
習い事は主にさるころが付き添っている

「求めていた結婚生活はこれじゃなかった」みたいなことにはもうならないぞ！みたいな感じで
お互い向かい合って試行錯誤して生活してきましたけどどうですか？
初期に比べるとケンカも減ったしね
快適に暮らしているんじゃないでしょうか
人格的な欠陥とか性格的な得手不得手お互いの感覚の違い共有してたはずなのに勘違い
などなど揉め事が起こる原因はなかなか無くならない
そういうものは無くならないと認めたうえで
ちゃんと話し合いができる関係っていうのが
ほんっとう〜に大事だな〜〜！
と実感しております

話し合いさえできればね…
どんなにマイナスなことがあってもリカバーも可能だからね
ドキリ
話し合いで気をつけてるところは
正しい正しくないを議論しない
かな
どちらが正しいかみたいな話はしないで
どうしたらお互いが我慢せず納得して暮らせるか
ここをなるべく話し合うようにする
責め合わない!
オレたちは仲間だ!!
自分が正しい相手が間違ってると思い始めると…夫婦がお互い相手が加害者で自分が被害者だと思って負のスパイラルに…
そういうのはもうイヤ〜
親しき仲だからこそ礼儀とリスペクトを忘れない
あとこれも大事…
夫婦って甘えちゃうところがあるから…
気を抜くとすぐ揉める…
家族なんだからなんでもすぐわかってよ
全部言わなくてもわかるでしょ
怒っても許してくれるでしょ
甘えが相手への気遣いの無さにならないように気をつけてます

一度ダメになって離婚した経験を生かさないとね
もう離婚はしたくない…
同じことを繰り返したくないし
家事とか育児とか協力して仲良くやるには…
近道も必勝法もなくて…
手と気を抜かずに夫婦で話し合うしかないんだよね…
自分達の正解は自分達の中にしかないからね
これからもお互い相手への気遣いを忘れずにたくさん話し合ってやっていこうね
腹割って話せるパートナーがいるって人生の宝だと思うな～
いつまでもお互いがそういう相手であるように頑張りましょう

あとがき

このマンガは『結婚さえできればいいと思っていたけど』の後半で書いた「自分達らしい結婚の形」について、さらにそれを模索する夫婦の話として書きました。
「法律婚」は安心おまかせパックで、「事実婚」はカスタマイズパックだと思うと書いたのですが、結婚の法律的なところ以外の「生活」「慣習」など、そういうところも自分達にとって最適な形にするために、どうすればいいのか？　という日々のトライ＆エラーがテーマになっています。

我々夫婦の再婚生活のコンセプトは「もう離婚したくない」でした。でも離婚そのものをしたくないというよりは、一緒に生活しているのに理解し合えなかったり、相手との未来に絶望したり、何かを諦めたり、お互いを嫌いあったり……ということの結果に離婚を選ぶような生活をしたくなかったのです。不幸になるために、結婚したわけじゃない。同じことを繰り返したくない。お互いが「一緒にいてよかった」と思えるようになりたかった。「結婚した時が一番仲が良い状態」でどんどん愛情がすり減る結婚にならないためにはどうしたらいいか？　を考えました。

そのためには、結婚生活をカスタマイズし、夫婦関係を常にメンテナンスしていくしかないんですよね。結婚式で誓ったくらいで、永久の愛が約束されるわけないんですから。愛情は消耗品だし、家庭生活は実用品。メンテ無しで永久に続くわけがない。

でも、カスタムもメンテも結構難しいなと思います。相手を知るより前に、まず「自分」を知らなければならない。実は「本当は自分が何を求めているのか」を自分でもわかってないことは多いというのを、私は初婚の失敗で学びました。

我が家ではかなり初期から「察してチャン禁止」という重要なルールを設定していますが、とにかく「言わなくてもわかる」なんてことは、ありえないという経験からきています。ぼーっとしてたら、「世間のなんとなく」に流されて、自分の本当の気持ちすらわかってなかったりするのに、自分以外の人間が最適な答えを察して行動してくれるわけがないんです。だから、夫婦関係をメンテナンスするなら、自分を掘り下げて「何がしたいのか」「何がしたくないのか」「何が幸せか」「何が苦痛か」を知っておかなければならない。そしてちゃんと自分の正解を理解して、相手に伝えなければ「カスタマイズ」はできないのだと思うようになりました。

「結婚生活の正解」は「世間の常識」とか「普通」なんていう、自分の外側にはなくて、自分の中にしかない。だから、この本で描かれたことも、我が家の、うちの夫婦の「答え」でしかないのだと思います。

　この本のタイトルは、最後の最後までなかなか決まらなかったのですが、担当編集の羽賀さんがつけてくれました。「どんどん仲良くなる」も「家事をうまく分担している」も、そう言い切れるかと言われるとちょっと心許ないですが、確かに結婚当初より今の方が仲がいいというか、信頼関係がアップしてるし、ケンカも減ったな〜と思いました。

　かといって「全ての家庭、夫婦が家事を分担せよ！」というつもりもありません。家事とか育児の分担というのは、タスクだけじゃなくてそれをする「気持ち」の分担なんじゃないかと思うのです。タスクを分担したら、より気持ちがわかるけど、タスクを分担できなくても「それをしている気持ち」を想像して、そこに感謝やいたわりの気持ちがあるなら、夫婦の仲はどんどん深まるんじゃないかなあと思っています。

　最後に本当に何を描いても許してくれる広大な心の持ち主であるパートナー、ノダDに多大な感謝を贈ります。そしてこの本の制作に尽力頂いた担当編集の羽賀さんと、周囲の皆様に深くお礼を申し上げます。

水谷さるころ

どんどん仲良くなる夫婦は、家事をうまく分担している。

２０１９年２月５日　第１刷発行

著者　水谷さるころ
発行者　見城 徹
発行所　株式会社 幻冬舎
〒151-0051　東京都渋谷区千駄ヶ谷４－９－７
電話　03－5411－6211（編集）
　　　03－5411－6222（営業）
振替　00120－8－767643

本文製版所　近代美術株式会社
印刷・製本所　中央精版印刷株式会社

デザイン　水谷さるころ

検印廃止

ISBN978-4-344-03427-3　C0095
幻冬舎ホームページアドレス　http://www.gentosha.co.jp/

この本に関するご意見・ご感想をメールでお寄せいただく場合は、
comment@gentosha.co.jp まで。